シリーズ
ニッポン再発見
3

タワー

ランドマークから紐解く地域文化

津川康雄［著］

Series
NIPPON Re-discovery
Tower

ミネルヴァ書房

❶富士山を中心に左奥に東京タワー（→ P16）、右に東京スカイツリー®（→ P25）〈東京都〉。

巻頭カラー特集

街の空を彩る

タワー三十六景

遠くからタワーを眺める、近づいてタワーを見上げる、
展望室から街を見下ろす、展望室から夕日を眺める……。
タワーの存在は、人々に新しい視点を与え、
生まれた新しい景色は街の空を彩り、人々の心をも彩る。
個性豊かなタワーを見ながら、日本各地を再発見してみよう。

❷梅田スカイビルの空中庭園展望台（→ P223）〈大阪府〉。
写真：アマナイメージズ

ご当地ランドマーク情景

❸ 函館のシンボル五稜郭と新旧五稜郭タワー（→ P50）〈北海道〉。2006年4月に新タワー（107m）がオープン。旧（初代）タワー（60m）の解体が同年６月にはじまったため、わずかな期間ではあるが、二つの新旧タワーが並びたつめずらしい光景が見られた（2005年撮影）。　提供：函館市教育委員会

❹ 青森の夏の風物詩・青森ねぶた祭りと青森県観光物産館アスパム（→ P152）〈青森県〉。

❻ JR セントラルタワーズ（→ P179）〈愛知県〉と名古屋の夕景。

❺ 港町の歴史を宿す日本丸メモリアルパークの「帆船日本丸」と横浜ランドマークタワー（→ P56）〈神奈川県〉。

❿古都京都を感じさせる東寺と京都タワー（→ P69）〈京都府〉。 写真：アマナイメージズ

⓫瀬戸内海をまたにかける瀬戸大橋と瀬戸大橋タワー（→ P230）〈香川県〉。

⓬別府湾の夏の夜空を飾る打ち上げ花火と別府タワー（→ P168）〈大分県〉。

❼木曽三川が織りなす自然に溢れる木曽三川公園と水と緑の館・展望タワー（→ P63）〈岐阜県〉。

❽荒々しい表情を見せる柱状節理の岩壁と東尋坊タワー（→ P141）〈福井県〉。

❾大阪らしい風情溢れる新世界と通天閣（→ P76）〈大阪府〉。〔T〕

多彩なデザインと構造

⑭ 栃木県庁舎（→ P92）〈栃木県〉。県民ロビーの壁面には、宇都宮市で採掘される「大谷石」と、日光東照宮から寄贈された「並木杉」を使用。県のイメージを取り入れたデザインになっている。

⑬ 博多ポートタワー（→ P162）〈福岡県〉。「タワー 6 兄弟」（→ P14）の兄貴分・さっぽろテレビ塔や東京タワーと同じく、鉄骨造り。航空法に基づいた赤白塗装となっている。

⑮ 東京スカイツリー®（→ P25）〈東京都〉。東京スカイツリーは 3 本足で、足元は一辺約 68m の三角形。外からは見えないが、中央部に鉄筋コンクリートの円筒を設けた制振構造は、五重塔が備える「心柱」にちなみ、「心柱制振」と名づけられた。

⑯ 針尾無線塔（→ P74）〈長崎県〉。精巧な鉄筋コンクリートでつくられた無線塔で、基部の直径は 12.1m、高さは 136m。塔が建設された大正期における日本のコンクリート技術の高さを伝える。

⑰ 夢みなとタワー（→ P227）〈鳥取県〉。ひょうたんのような形に曲線を描くフォルム（左）。材料には鳥取県日南町の杉集成材も使い、鉄骨造りのタワーに温かみを与えている。
引っ張りに強い部材と圧力に強い部材を力学的に組み合わせる「テンセグリティ」という構造（上）を用いている。ガラス越しに白い骨組みがよく見える。　提供：夢みなとタワー

⑲三角錐型の展望台（左）と青森県観光物産館アスパム（→ P152）〈青森県〉。正三角形のデザインは、青森（AOMORI）のAを印象づける。

⑱千葉ポートタワー（→ P127）〈千葉県〉。断面がひし形の塔体は、見る方向によって印象ががらりと変わる。

㉓海峡ゆめタワー（→ P111）〈山口県〉。4本の柱が個性的な球形の展望室を支えているような形状。〔T〕

㉔未来 MiRAi（→ P158）〈群馬県〉。塔体の断面は正三角形。展望台は変形九角形。〔T〕

㉕銚子ポートタワー（→ P123）〈千葉県〉。ツインタワー構造で展望台部分は八角形。〔T〕

㉑クロスランドタワー（→ P210）〈富山県〉。断面が一辺 12m の正三角形の塔体に、直径 15.4m の円形の展望室がのっている。〔T〕

㉒五稜郭タワー（→ P50）〈北海道〉。五稜郭の展望を目的としているタワーらしく、塔体の断面は星形、展望台は五角形。

⑳京都タワー（→ P69）〈京都府〉。鉄骨を使わないモノコック構造（下図参照）。厚さ 12 ～ 22mm の特殊鋼板シリンダーを溶接し、なめらかな円筒型をつくりあげている。〔T〕

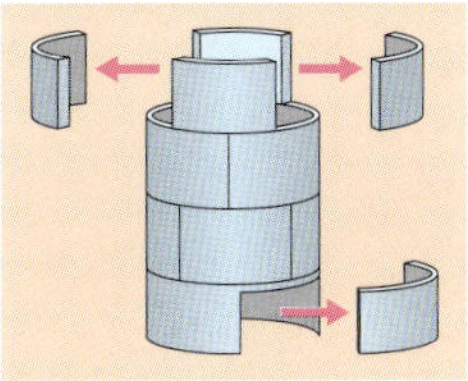

夜空を彩るイルミネーション

㉗東京都庁（→ P84）〈東京都〉。2020 年のオリンピック・パラリンピック競技大会の東京開催決定を、オリンピックカラーのライトアップで祝福（2013 年）。

㉖千葉ポートタワー（→ P127）〈千葉県〉。クリスマスの時期になると行われる「千葉ポートタワー C《シー》サイドクリスマス」。壁面にクリスマスツリーをライトアップ。〔T〕

㉘江の島シーキャンドル（→ P136）〈神奈川県〉。イベント時には、特別なライトアップで、江の島を彩る。

㉛通天閣(→ P76)〈大阪府〉。タワーてっぺんの「光の天気予報」。大阪ではめずらしい雪の予報でピンク色のネオンが灯ると、話題となる。

提供：あべの経済新聞

㉙海峡ゆめタワー(→ P111)〈山口県〉。4月から9月は寒色で涼しげに(左)、10月から3月は暖色を使って暖かみを演出しているライトアップ(右)。国際交流都市らしい豊かなバリエーションで、下関の灯台を夜空に浮かび上がらせている。

提供：海峡ゆめタワー

㉜プレイパークゴールドタワー(→ P234)〈香川県〉。タワーがたつ宇多津町《うたづちょう》の聖通寺《しょうつうじ》山にある施設で結婚式があると、緑と青のライトアップで祝福。　提供：ゴールドタワー

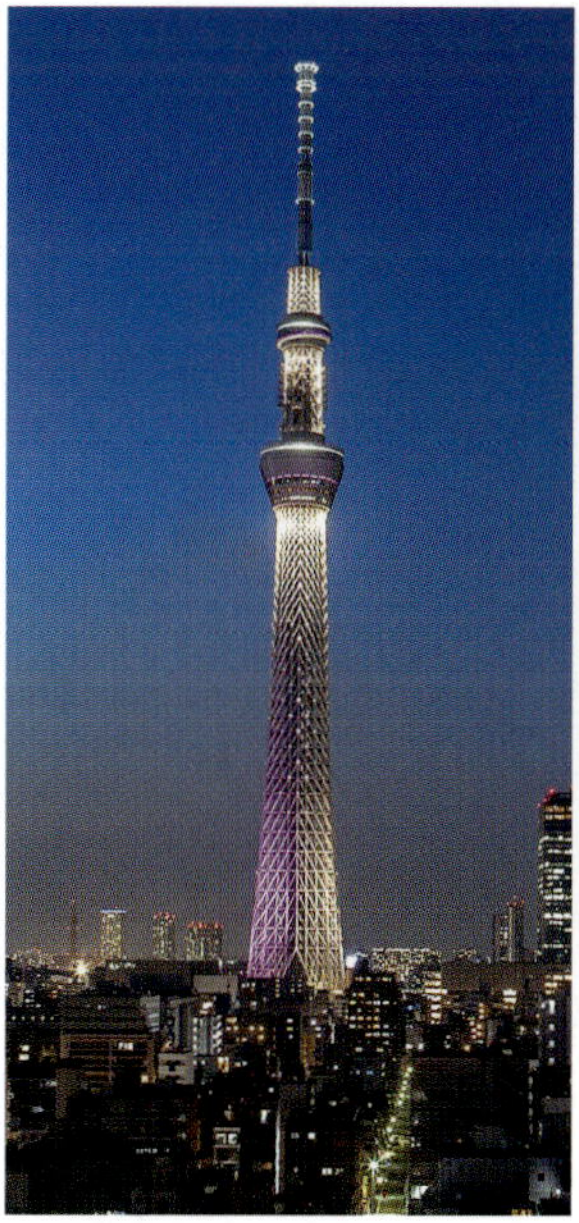

㉚東京スカイツリー®(→ P25)〈東京都〉。通常は江戸時代から育まれた心意気「粋」(右)と美意識の「雅」(左)を表現したライティングが一日毎に現れる。

㉝ 名古屋テレビ塔（→ P36）〈愛知県〉のダイヤモンドの輝きをイメージした塔体ライティング「煌《きらめき》」と紫色にライトアップされた複合商業施設オアシス 21 のコントラストが、名古屋の街をより一層輝かせる。 撮影：岡島梓

希望を灯す

タワーに灯る光は、時に人々を励ます「希望の灯」となる。

㉞「明るい未来」へ想いをこめて……東京スカイツリー®（→ P25）〈東京都〉。東日本大震災が発生した 3 月 11 日に行われる、復興への想いをこめたライティング「明《めい》花《か》」。地元・墨田区の小学生が「明るい未来」をテーマにデザインした。

㉟ 夜空に浮かぶ光のメッセージ……東京タワー（→ P16）〈東京都〉。2011 年 3 月 11 日に発生した東日本大震災。その 1 か月後、太陽光の蓄電池を使い、大展望台に、「GANBARO NIPPON」という光のメッセージが点灯された。

㊱ 人々を勇気づける希望の灯……神戸ポートタワー（→ P145）〈兵庫県〉。1995 年 1 月 17 日に発生した阪神・淡路大震災。神戸ポートタワーはその 1 か月後、震災前と変わらぬ姿でライトアップを再開。神戸の人々の励みとなった。 提供：神戸市

はじめに

タワーと聞いてすぐに思い浮かぶのは、フランス・パリのエッフェル塔だろう。パリ万博のモニュメントとしてつくられたこの塔は、フランス、そしてパリのシンボルとして、すでに百数十年の時が刻まれ、今では、単なるタワーとしてだけではなく、タワーの持つさまざまな可能性を試すための存在となっている。

「見る・見られる」対象として、世界じゅうの人々に新たな視点と視野をもたらした。これまでにどのくらいカメラの被写体になったのだろうか。

私がはじめてこの塔を間近に眺めたとき、その圧倒的な存在感と、レース編みのような鉄骨の組み合わせ、重厚な色合い、一種の芸術作品がそこにあるといった印象を受けた。

その後タワーは、世界各地につくられ、それぞれの地域や都市のシンボルとなっていった。ニューヨーク（アメリカ合衆国）のエンパイアステートビル、クアラルンプール（マレーシア）のペトロナスタワー、上海（中国）の東方明珠電視塔（オリエンタルパールタワー）、ドバイ（アラブ首長国連邦）のブルジュ・ハリファなど、どれも個性派ぞろいだ。

日本ではどうだろう。１９５８（昭和33）年12月23日竣工の東京タワーは、戦後の復興のシンボルとなり、テレビ放送の電波塔という役割をはるかに超え、日本の一時代を切り開いたといっても大げさではない。日本を紹介するガイドブックはもちろん、小説や映画の中に登場し、人々の感性を育んできた。私にとっても、開業時に長い行列を我慢して上ったことや、展望台に設けられたガラスの床から恐る恐る見た地上の姿、展望台から外階段を下りて風を感じた記憶など、思い出はつきない。

2008（平成20）年7月14日、東京スカイツリーの建設がはじまった。それから数年たち、2012（平成24）年2月29日の竣工が迫ると、「東京タワーの存在価値が失われるのではないか」といった声が聞かれるようになった。

しかし、「ニューヨークの高層ビルに囲まれたクラシックな教会がより存在感を増すように、東京タワーの色と形も同じように……」と、私は考えている。

夜の首都高や鉄道から見え隠れする東京タワーのライトアップされた姿を探しているのは、私だけではないはずだ。そんなとき、人々の心には、さまざまな思いが駆けめぐっているに違いない。

少々堅い話になって恐縮だが、本書で多用する言葉「ランドマーク」について、あらかじめ説明しておきたい。「ランドマーク」とは、象徴性・記号性・場所性・視認性・認知性を発揮し、多くの場合相互に関連しながら人々の認識を強固にさせるものである。いい換えれば、空間イメージや原風景を形成し、地域アイデンティティを表象するものなのだ。タワーは、このようなランドマークの諸特性を含むものと理解できる。このように定義できるランドマークには、タワーのほかにもいろいろある。高層ビルもそうだし、城などもそうだ。

超高層ビルは、戦後の高度経済成長期に誕生した。1968（昭和43）年に高さ147メートルの霞が関ビルディング（霞が関ビル）が建設されて以降、新宿副都心（旧淀橋浄水場跡地）を中心にホテルやオフィスビル、そして東京都庁舎がつくられた。今では都内はもちろん、日本各地にその姿を見ることができる。

超高層ビルの建設は建設技術の集大成といってもよいだろう。地震国日本ならではの耐震・制震・免震技術の確立や防火対策、エレベーターの技術革新など、その進歩はとどまることを知らない。それらを意識させることなく、超高層ビルは我々に新たな視野を広げてくれたのだ。

本書では、日本各地にあるタワーのほか、いくつかの超高層ビルや高層ビルも扱うことにする。それは、タワーと超高層ビルとの線引きが一般的には難しいからである。

日本のタワーや超高層ビルは、いつ・なぜ建てられたのか、誕生の裏側に迫り、それらから見える景色や地域、そして人々との関わりを中心に見ていくことにする。また、ランドマークとしてのタワー・超高層ビルの意味（ミーニング）を紐解くことにした。単なるタワーの案内書にならないように心がけたつもりである。いずれにしても、タワー・超高層ビルは「見る・見られる」対象で、社会的イメージと個人的イメージが重なり合うものである。各ページに登場するタワーの写真に読者の思い出が重なり、トリビア（雑学）が増え、会話が弾めば幸いである。

日本各地にあるタワーを訪ね歩くことは「街歩き」としての楽しみであり、旅のアクセントにもなるだろう。タワー・超高層ビルに上り、鳥になったように景色を眺めることは、とても贅沢で幸せなことなのかもしれない。本書を通じて新たな発見があればと願っている。

※本書への写真掲載にご協力頂きました関係各位に感謝いたします。著者撮影の写真についてはキャプションに〔T〕と記しています。

目次

巻頭カラー特集　街の空を彩るタワー三十六景

はじめに……1

1　日本の視野を広げ文化を育んだテレビ塔……7

さっぽろテレビ塔●8／東京タワー●16／東京スカイツリー®●25／名古屋テレビ塔●36

2　歴史と地域をみつめるタワー……43

北海道百年記念塔●44／五稜郭タワー●50／横浜ランドマークタワー●56／木曽三川公園「水と緑の館・展望タワー」●63／京都タワー●69／通天閣●76

3　庁舎は現代の天守閣か……83

東京都庁●84／北関東三県庁●91／神戸市役所本庁舎●96

4 コンベンションセンターのシンボルタワー……101

朱鷺《とき》メッセ「万代島《ばんだいじま》ビル」●102／アクトシティ浜松「アクトタワー」●107／
海峡メッセ下関「海峡ゆめタワー」●111

5 海や街を見渡すタワー……117

いわきマリンタワー●118／銚子ポートタワー●123／千葉ポートタワー●127／
横浜マリンタワー●131／江の島シーキャンドル●136／東尋坊タワー●141／
神戸ポートタワー●145

6 シンボルとしてタワーをつくる……151

青森県観光物産館アスパム●152／未来MiRAi●158／
博多ポートタワー●162／別府タワー●168

7 タワー化する駅……173

JRタワー●174／JRセントラルタワーズ●179／大阪ステーションシティ●184

8 タワービルは都市のシンボル……189

霞が関ビルディング（霞が関ビル）●190／丸の内ビルディング（丸ビル）●195／
六本木ヒルズ森タワー●200／あべのハルカス●205

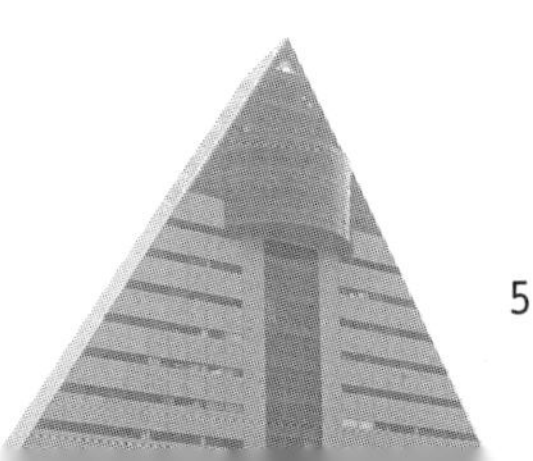

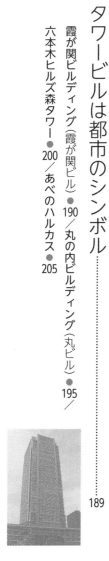

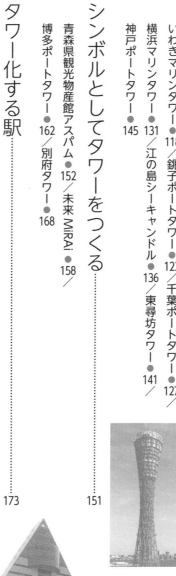

9　個性派タワー勢揃い……209

クロスランドタワー●210／東山スカイタワー●215／木曽三川公園「ツインアーチ138」●219／梅田スカイビル「空中庭園展望台」●223／夢みなとタワー●227／瀬戸大橋タワー●230／プレイパークゴールドタワー（ゴールドタワー）●234／福岡タワー●238／フェニックス・シーガイア・リゾート「シェラトン・グランデ・オーシャンリゾート」●242

タワー雑学

内藤多仲《ないとうたちゅう》……14

日本テレビ塔……24

凌雲閣《りょううんかく》**（浅草十二階）**……34

針尾無線塔……74

エッフェル塔……166

大観音タワー（高崎白衣大観音）……246

おわりに……248

タワーさくいん……251

全国タワーマップ……252

参考文献……254

1 日本の視野を広げ文化を育んだテレビ塔

建設中の東京タワーと内藤《ないとう》多《た》仲《ちゅう》。

提供：早稲田大学 理工学術院総合研究所（理工学研究所）

さっぽろテレビ塔

北海道札幌市／147・2メートル

誕生

さっぽろテレビ塔は、札幌のテレビ放送の電波発信塔として1957（昭和32）年に竣工した。すでに開業していた名古屋テレビ塔の例にならって展望台を備え、同年には3階にプラネタリウムがオープンするなど（1962年業務廃止）、電波塔でありながら、観光センターとしての役割を担うタワーでもあった。設計者は名古屋テレビ塔と同じ内藤《ないとう》多仲《たちゅう》博士である。

しかし、札幌市西部の手稲山《ていねやま》に電波送信所が設置されると、サービスエリアがテレビ塔より広いこともあって、1969（昭和44）年にテレビの電波送信所が手稲山に一本化。テレビ放送の電波塔としては、短命に終わっている。ただし現在も、テレビの非常用予備施設、テレビ・ラジオの中継施設としての機能を保っている。

見上げる

計画都市札幌の座標点

札幌の街を歩きながら交差点の信号機を見上げると「北○西□」などと、変わった標記がされている。ご存じの通り、札幌が碁盤の目のように区画された計画都市であることを端的に示している。

雪景色の中にそびえるさっぽろテレビ塔（2003年撮影）。〔T〕

る。現在に続く都市計画は、1869（明治2）年に、開拓使が置かれたことからはじまった。1881（明治14）年に、条丁目が採用され、現在の大通公園《おおどおり》が南北の境目、創成川《そうせいがわ》が東西の境目となった。つまり、大通公園と創成川の交点が、条丁目の原点となったのだ。さっぽろテレビ塔の位置は、ほぼその原点と一致しており、人々にとってテレビ塔は、札幌市における空間認識の原点と感じられる存在となった。運営会社設立の趣意書には「テレビ放送への寄与とともに、教育・文化・科学・観光への利用」が謳われており、幅広い意味を持つ札幌のランドマークとして存在する今、条丁目の原点とほぼ一致させた場所への建設は、これ以上ない選択だったといえる。

バリエーション豊富なライトアップ

さっぽろテレビ塔は、投光器による温かみのあるライトアップと、雪をイメージさせる青色LEDでのイルミネーションとの2種類を、時間ごとに切り替えている。切り替わるタイミングは鮮やかで、電光時計を見つめながらその瞬間を待つのも一興だ。その他、イベントや祝日にはスペシャルイルミネーションを実施し、特別感を演出している。

●見下ろす

大通公園の四季・イベントを見守る

開業以来、札幌を見守り続けるランドマーク、さっぽろテレビ塔。戦時中、食糧確保のために畑に変わった大通公園を見下ろし、札幌の発展を見届ける存在として今なお存在感を失わない。高さ約90メートルの展望台からは、四季のうつろいが感じられる。残雪に彩られる山々が美しい春、風物詩のとうきびワゴンが並び、緑濃い大通公園が見どころの夏、日没後、札幌の夜景を長く楽しめる秋、絵に描いたような銀世界の冬。いずれも、見逃せない風景だ。大通公園では、日本で最初のイルミネーションイベント「さっぽろホワイトイルミネーション」や、2月に開催される国際的イベント「さっぽろ雪まつり」が行われ、その様子を一望のもとにできる。碁盤の目状の街並みの先には、大倉山ジャンプ競技場。ジャンプ台を滑り降りる選手の視線の先は、大通公園とテレビ塔を含む札幌の街だ。

さっぽろテレビ塔から見下ろした大通公園。

●地域への影響

新旧の時を告げるシンボル

さっぽろテレビ塔は、1961（昭和36）年に電光時計が設置されたことで、さらにシンボリックなランドマークとなった。電光時計を提供する代わりに、広告宣伝効果を求める民間企業だったが、大通公園は風致地区に指定されていることから、テレビ塔を通天閣のような広告塔にすることは認められなかった。結果、松下電工（現・パナソニック）から、公共設備として札幌市民へ寄贈するという形で落ち着いた。松下幸之助《まつしたこうのすけ》の発案で設置された電光時計、時刻の左側には、さりげなく「寄贈」の文字が縦書きされている。電光時計は、イルミネーションが消灯された10分後から、早朝5時まで消え、省エネ対策を行っている。長らく札幌時計台が担ってきた〝時を告げるランドマーク〟としての役割を、視覚的な面で分担しているといえる。

時刻の左側に書かれた「寄贈」の文字。

さっぽろテレビ塔の電光時計。〔T〕

トリビア……**さっぽろテレビ塔の色の変遷**◎非公式ながら、さっぽろテレビ塔のメインキャラクターと化している「テレビ父さん」でもおなじみの、真っ赤な鉄塔。しかし、この赤（クラウディレッド）はなんと3色目。完成当時は、名古屋テレビ塔と同様のシルバーだった。シルバーから、2色目の赤（コッパーローズ・薄めの朱色）に大きくカラーチェンジした理由は諸説あるが、暖房燃料である石炭を燃やすことで発生する煤煙などで薄汚れてしまうこと、雪の中でシルバーは目立たず、航空関係者から指摘があったことなど、雪の多い札幌ならではの理由で、赤が選ばれたそうだ。

２０１３（平成25）年、10年ぶりの塗り替え時には、雪をイメージしたホワイトへのカラーチェンジが有力視されていた。しかし、周囲の建造物や雪とのコントラストが弱いこと、汚れが目立つことなどが懸念され、さらに、市民・道民が協力したアンケートでは72・5パーセントがカラー存続を希望したこともあり、従来の色を踏襲することとなった（一部、緑色を変更）。雪景色の中、そして公園の緑の中でくっきり映える赤いタワーが、市民の心に深く刻まれている証拠といえそうだ。

タワー雑学

内藤《ないとう》多仲《たちゅう》

「塔博士」と呼ばれ、日本のタワー建築において多大な足跡を残した人物が、内藤《ないとう》多仲《たちゅう》（1886～1970年）だ。設計に携わった観光塔（展望室を設けている塔）は、名古屋テレビ塔からはじまり、二代目通天閣、別府タワー、さっぽろテレビ塔、東京タワー、博多ポートタワーの6つ。「タワー6兄弟」と総称され、すべてのタワーが竣工後50年以上を数える中、健在だ。

山梨県に生まれ、東京帝国大学の大学院を修了後、27歳の若さで早稲田大学教授に迎えられた。3年後、アメリカで耐震構造について学ぶため留学するも、収穫がなく落胆した彼だったが、アメリカへ移動中のトランクの破損や、帰国時に船上で遭遇した嵐での経験にヒントを得て、独自の耐震構造法を着想した。

彼の理論の正しさは、奇しくも1923（大正12）年の関東大震災で証明された。彼が構造設計を手掛けた日本興業銀行や、歌舞伎座（当時建設中）はほとんど被害を受けなかったのだ。彼の名声は一気に高まり、彼の耐震構造法は世界に広まると同時に、その後の塔設計の礎にもなった。

彼の飛躍のきっかけとなった関東大震災は、日本の中枢を焼き尽くす天災であるとともに、流言が飛び交い、正確な情報をつかめないことで起こる社会不安が浮き彫りとなる事件でもあった。その反省を生かし、1925（大正14）年から、ラジオ放送が開始された。ラジオ放送の電波塔建設を依頼された内藤は、戦前に30基以上の電波塔の設計に携わった。そのことが、彼を戦後のタワー建築へと導くのだ。

内藤は、タワー設計の多くを弟子とともに行った。彼の育てた後進は、その後のタワー建設にきわめて重要な役割を果たすこととなる。

最後に、彼の人物像について言及する。常に忙しく小走りで、精力的に日々を過ごしていたそうだ。前述の「タワー6兄弟」の末っ子、博多ポートタワーを手掛けたのは、なんと御年77歳。27歳で大学教授に就任し、晩年まで走り続けた彼の勤勉さとバイタリティについて、息子の内藤《ないとう》多《た》四《し》郎《ろう》が証言している。「晩年『新幹線で大阪に行く間に構造設計が一棟分できる』と話していました。ポイントを押さえながら構造をイメージし、それに力をどう配分するか、要点を押さえさえすれば、列車の中でもできたんでしょうね」（『タワー　内藤多仲と三塔物語』「私の父、私の家」より）。

内藤多仲と建設中の東京タワー。

提供：早稲田大学 理工学術院総合研究所（理工学研究所）

東京タワー

東京都港区／333メートル

●誕生

世界一のタワーを！　前田《まえだ》久吉《ひさきち》の奔走

1958（昭和33）年の完成以来、半世紀以上、首都東京のランドマークで在り続ける東京タワー。展望台から東京の街を見下ろしたいという人々の望みに応えつつ、近年は、その存在を地上や電車の車内、走行中の車中からふと見かけては、東京を実感するという人々の心のよりどころのような存在になっている。

建設のきっかけは、テレビ放送に関する不都合の解消が求められたことだった。まずは、テレビ塔の乱立による不都合だ。日本テレビが日本初のテレビ塔（→P24）を千代田区麹町《こうじまち》に建設して以来、テレビ局が増えるたびに鉄塔が建てられたが、景観の悪化を招いた。さらに、視聴者は視聴したい局のテレビ塔へアンテナを向けないと映りが悪くなるという、不便を強いられていた。次に、東京のビル林立による不都合があった。各局のテレビ塔の周囲にも続々と建物が建設され、電波の届きにくいエリアが出てきたのだ。

これらの不都合を解消するには、関東一円をカバーする集約電波塔を建設する必要がある。そこで、用地買収やさまざまな調整を行い、集約電波塔の実現へ一肌脱いだ人物がいた。産業経済新聞

青空に映える東京タワー。〔T〕

（現在の産経新聞）社長で参議院議員でもあった前田久吉だ。

「科学技術が伸展した現代では、３００メートルの塔をたてるくらい、あえて至難の業でもあるまいと考えた。やれば必ずできる、と私は膝をうつ思いだった。つまり私の東京タワー建設に対しての自信と決意は、京都東寺の五重塔からあたえられた、ともいえる。出来る！　必ずやりとげてみせる！　私はコブシをかたく握り締めて確信をえた。

私の練りに練ってまとめた東京タワーの構想は、これまでのお国自慢的な塔の背くらべとはケタはずれな、『どうせつくるなら世界一を……。エッフェル塔（当時３２０メートル）をしのぐものでなければ意味がない』というものだった。このエッフェル塔をしのぐ世界一の東京タワー建設の夢は、けっして平らな道ではなかった……。」（東京タワー旧ホームページより引用）

前田は、その人脈を生かして用地の取得や資金調達を進めた。そして、名古屋テレビ塔、通天閣、別府タワー、さっぽろテレビ塔と、日本を代表するタワーの設計を手掛け「塔博士」と呼ばれた内藤多仲博士を招聘した。当代最高の布陣が描いた、1万枚を超える手書きの設計図をもとに、世界一のタワー建設がはじまった。

１９５７（昭和32）年、着工された東京タワーは、わずか1年3か月という短期間で完成した。のべにして約22万人の職人の作業であり、少しずつ世界一の高さをめざして伸びていく東京タワーは、戦後の国民を大いに勇気づけたことだろう。

色あせない「東京タワー」という名

「東京タワー」という名称は、公募の中から選ばれた。ただ、その順位は1位どころか、13位。1位はダントツで「昭和塔」、2位は「日本塔」で、タワーが全国民の注目を集めていたことがよくわかる。第3位の「平和塔」には、戦後復興期の精神を感じることができる。「東京タワー」が画期的だったのは、当時多かった「○○塔」という名称を使わなかったことである。7位の「エターナルタワー」（これも「東京タワー」の約2倍の票を獲得している）以外、トップ10に入った名称候補は、すべて「○○塔」だった。当時としては斬新だった名付けが、今も色あせずに親しまれ、東京のランドマークとしての位置づけを確実なものとした。

見上げる

伝わるイルミネーション

東京タワーのイルミネーションは、鉄塔の四隅に電球を配置する形で週末に行われていたが、好評だったため、1965（昭和40）年のクリスマスイブから連夜の点灯となった。

現在は「ランドマークライト」という、タワーに直接光を当てるライトアップがメインで行われている。夏は涼しげな白色、それ以外の季節は暖光色と、季節によってライトの色を変化させ、人々の目を楽しませている。土曜日は「ダイヤモンドヴェール」という、17段ある光の階層を7色に変化させるライトアップも行われる。その他にも、イベントのテーマカラーを取り入れたライトアップがときおり実施され、タワーの色が普段と違うということで、イベントの文字通り広告塔となることもある。

2011（平成23）年の東日本大震災の後は、東京からも灯りが消えた。東京タワーも例外ではなく、被災地から遠く離れながらも、非日常を肌で感じる暗やみにまぎれていた。震災から1か月後、大展望台に「GANBARO NIPPON」という光のメッセージが点灯された。太陽光の蓄電池を使い、節電中の東京に浮かび上がったメッセージは、人々の心にさまざまな思いを去来させながらも、多くの人を勇気づけたことだろう。

見下ろす

観光スポットとしての成功

東京タワー（総高333メートル）において展望台の設置は、名古屋テレビ塔の成功もあって必須項目であった。入場料で建設費をまかなうことができるという試算は正しく、現在でも観光収入が5割を超えている。海抜150メートルの大展望台は2階層に分かれ、2階には東京23区内で最も高いところにある神社「タワー大神宮」がある。伊勢神宮から御神霊を受けたという由緒ある神社で、タワー型の絵馬が販売されている。海抜250メートルの特別展望台は、建設当初の作業台がその後倉庫として利用されていたスペースで、展望台としてのオープンは1967（昭和42）年。窓下に埋め込まれたLEDの明滅と音響によって、幻想的でドラマチックな雰囲気が味わえる。どちらの展望台も都内を一望でき、天候に恵まれれば富士山まで眺めることができる。

展望台の新たな試み

近年、自宅などを宿泊施設として貸し出す「民泊」が広がりをみせている。民泊のマーケットを拡大した会社の目玉企画として、2015（平成27）年、東京タワーの展望台に宿泊できるプランが限定で用意された。その宿泊条件は「当選者のご両親または祖父母」。東京タワーでの思い出を持つ世代、東京タワーとともに生きてきた世代に楽しんでもらいたいという意図があり、家族をテーマにした思い出のエピソードによって選考された。夜景から日の出までを独占できる企画は反響を呼び、広島の祖父母への感謝の気持ちを伝えたいというお孫さんが見事当選。早朝、富士山に手を合わせ、寄りそうご夫

東京タワーから富士山を望む。〔T〕

婦の後ろ姿が映像として残されており、映像を見た多くの人が感動のコメントを寄せた。東京タワーというランドマークが持つ「それぞれの記憶」という価値を、改めて感じさせる企画だといえそうだ。

地域への影響

東京という写真の主役

東京タワーの周辺には、多くの超高層ビルが建設され、タワー完成時とは風景が大きく変化した。しかし、東京タワーはほかのビルとは全く異なる形状であり、夜はイルミネーションがその姿を引き立てる。昼夜を問わず周囲と異なる姿は、スナップ写真の「人物（図）」と「背景（地）」と同様に、東京タワーが図になる構図なのだ。

都心では類を見ない形状からシンボルになったのか。国民を熱狂させたテレビの電波塔という役割からシンボルになったのか。どちらも正解だと考えられるが、最大の要因は、東京タワーは首都東京の観光塔であり、のべ１億７０００万人［２０１３（平成25）年時点］を超える来場者それぞれの思い出が、東京タワーをシンボルたらしめているのだ。

トリビア……午前0時の消灯◎午前0時ちょうど、ライトアップが消える瞬間を見つめたカップルは幸せになれる…という都市伝説がまことしやかに伝えられている中、夜間作業が行われる場合は消灯せずに朝まで点灯していたが「なぜ消灯してくれないのか」と問い合わせが増え、作業がある日でも0時には一度消灯し、0時半に再び点灯するようにしたそうだ。伝説を守るのも大変である。

東京タワーのライトアップ。

日本テレビ塔

東京都千代田区／約154メートル

1953（昭和28）年に日本にはじめて建設されたテレビ塔「日本テレビ塔」は、現存しない。その名の通り、日本テレビが、かつての本社所在地である千代田区麹町《こうじまち》に建てたのが日本テレビ塔だ。シンプルな形状ながら2か所の展望台が設けられ、入場料が無料だったこともあり、人気の観光スポットとなった。展望台の設置は、日本テレビ初代社長であり、読売新聞社の経営者である実業家、正力松太郎《しょうりきまつたろう》によって進められた。しかし、増加するテレビ局がそれぞれにテレビ塔を建てはじめたことから、景観を乱すこと、視聴者のアンテナ調整の苦労などが問題視され、集約電波塔が求められた。その流れで誕生したのが、東京タワーである。しかし、東京タワーの実現に奔走した産経新聞社長の前田久吉《まえだひさきち》と反目していた正力は、東京タワー完成後も、麹町の日本テレビ塔を使用し続けた。周辺建物の高層化により、麹町のテレビ塔ではカバーできないエリアがでてきたことから、1968（昭和43）年5月、新宿に高さ550メートルの新たなテレビ塔「正力タワー」の建設計画を発表。当時世界一であった、モスクワの「オスタンキノタワー」を超える高さだった。壮大な計画であったが、正力が1969（昭和44）年10月にこの世を去ったことで推進力は失われ、翌年には、日本テレビも送信所を東京タワーへ移すことになった。1980（昭和55）年、ついに麹町のテレビ塔は廃止、解体された。今は、日本テレビの分室正面に、スーパーターンスタイルアンテナ（左写真）がモニュメントとして飾られている。

〔T〕

東京スカイツリー®

東京都墨田区／634メートル

●誕生

２０１２（平成24）年5月の開業以来、わずか数年で東京のランドマークとしての地位を確立した東京スカイツリー。世界一高い自立式電波塔として、国内のみならず、東京の観光名所として海外からも多くの人が訪れる一大観光地となっている。

東京スカイツリーが建設された理由は、東京タワーが担ってきた電波塔としての役割を新たに果たすこと。都内に２００メートル級の高層ビルが増えてきたことから、安定した電波の送信のために、東京タワーに代わる６００メートル級の電波塔が求められ、２００３（平成15）年にＮＨＫと民放5社によって「在京6社新タワー推進プロジェクト」が発足した。

プロジェクトはまず、新タワーの建設用地を選定した。議論の末、墨田区の押上《おしあげ》・業平《なりひら》橋地区が第一候補、さいたま市が第二候補となり、２００６（平成18）年3月、第一候補に決定。そこは、東武鉄道の本社の目の前にある貨物列車ヤードの跡地だった。押上・業平橋地区が選ばれた理由は、鉄道4線の交点であり、成田国際空港や東京国際空港（羽田空港）からのアクセスも良く、浅草や隅田川、国技館など江戸の香りを残す観光資源が周辺に豊富であることが要因とされている。

６００メートル超のタワー建設に際しては、建築基準法に指針が示されていないケースも多く、気象観測気球を飛ばすなど、約1年かけてさまざまな調査を行った。2008(平成20)年3月、名称候補が6つに絞られ、同年6月に一般投票で最多の票を獲得した「東京スカイツリー」に決定。有識者のひとりは「ジャックと豆の木の童話を連想した」とコメントしており、夢と希望の象徴というミーニングが含まれているようだ。○○塔から○○タワーへと変遷した歴史を踏まえ、21世紀を代表するタワー「東京スカイツリー」は、その名称にも新風を吹き込んだ。

テクノロジーのエポックメイキング

東京スカイツリーは3本足であり、足元は一辺約68メートルの正三角形となっている。三角形は、最小の部材数で安定し、狭い敷地内で圧迫感を与えないための最適解であった。3本足は、古代中国で用いられた鼎《かなえ》(3本足で自立する)を想起させ、見た目にも安定感を与える。実際に、現場の作業チームも「北鼎」「東鼎」「西鼎」と分けられていたそうで、コンセプトが自然と現場に浸透していたことを感じさせる。鼎といえば、新たに都を定めることを「鼎を定む」という故事成句で表現するそうだ。東京タワーという揺るぎないランドマークを残しながらも、東京の新たなランドマークとして名乗りを上げたスカイツリーにとって、3本足というのはふさわしい建築様式かもしれない。

推測はさておき、3本足というのは、タワーの歴史にとっても画期的だった。エッフェル塔からはじまって、タワーは4本足が定石だった。日本においても塔博士、内藤多仲《ないとうたちゅう》の設計デザインから電波塔は4本足のイメージが根強く、長らくその伝統は引き継がれた。しかも、スカイツリーは足元から地上300メートル付近に至る間に、断面を正三角形から円形へと変化させている独特な形状なのだ。円形に変化させた理由は、風の影響を最少限にし、360度景色が等しく見渡せる展望を確保するためである。その変化を実現するため、スカイツリーの輪郭は、日本の伝統的な木造建築に見られる「そり（反り）」と「むくり」という曲線が生かされたデザインとなっている。見る方向によってスカイツリーのシルエットが違うのは、そのユニークなデザインによる。景観に変化を持たせ、威圧感なく心地よいたたずまいにしたいという意図も込められているという。

スカイツリーを支える五重塔のアイデア

日本の伝統を生かしたといえば、有名になった「心柱制振」である。スカイツリーの制振装置は、日本の伝統的木造建築「五重塔」が備える「心柱」にちなんで名づけられた。五重塔が心柱を備えることで揺れに強くなる理由は100パーセント解明されていないが、地震で倒壊したというケースは見受けられないそうだ。五重塔と同じくスカイツリーも、構造的に独立した心柱を有している。心柱の内側には、なんと避難階段が設置されている。避難訓練など特別な機会にのみ、心柱の中を通ることができるそうだ。

見上げる

生み出された新たなヴィスタと景観軸

スカイツリーの足元には高層の建物がほとんどないため、タワーを下から上へと見通せる景観軸が複数通っている。墨田区や台東区などでは、ふとした道の先にスカイツリーが現れることも多い。また、東京スカイツリータウンの横を通る北十間《きたじっけん》川も景観軸の一つ。「逆さツリー」と呼ばれ、川面にタワーが映りこむ様子が見られる。墨田区では、道路沿いの電信柱を地中化するなどし

北十間川に映る「逆さツリー」。

て、タワーを含む景観づくりに取り組んでいる。

その高さゆえ、スカイツリーは多くの場所から見ることができる。天候がいいと、首都圏全県から確認できるそうだ。日夜、カメラが向けられ、「富嶽三十六景」ならぬ現代版「スカイツリー三十六景」が広範囲でつくられていることだろう。

いろいろな場所から東京スカイツリーを望む。浅草寺境内（上段）、吾妻橋（中段）、東京タワー展望台（下段）。〔T〕

藍白《あいじろ》に映えるライティング「粋」と「雅」

凛としたたたずまいのスカイツリー。塔体は「スカイツリーホワイト」と呼ばれる、オリジナルカラーで塗装されており、日本の伝統色である藍色のうち、最も白に近い「藍白《あいじろ》」がベースとなっている。伝統工芸「藍染」の過程で生まれる色であることに、下町に息づく職人文化が感じられる。真っ白ではないので、風景を照り返さず、溶かし込むような奥ゆかしさを感じさせる。

スカイツリーは、夜のライティングもよく映える。通常は江戸時代から育まれた心意気「粋」と美意識の「雅」を表現したライティングが、一日毎に現れる。隅田川の水をモチーフとした「粋」は、淡いブルーの光がタワーの心柱を照らす。剛直で潔い光が、気風の良さを感じさせる。一方の「雅」は、鉄骨の細かな構造体を衣に見立て、優雅で気品のあるイメージを表現。気品のある江戸紫と、金箔を蒔いたような煌めきで多彩な動きのある光の演出を行っている。タワー頂部の光と二つの展望台を挟んで鉄骨構造体を照らす光は、富士山をイメージした光の冠雪を表現する。

クリスマスやバレンタインデーなど、季節のイベントに合わせたライティングが楽しめるのもスカイツリーの魅力。同じ塔を見ながらも、それぞれの目に焼き付く姿はさまざまかもしれない。

見上げるのは水上からも

スカイツリータウンから見上げるスカイツリーは迫力満点だが、さらに圧倒されたい方には、船の上から見上げることをおすすめする。日本橋を出発し、隅田川から東京のパナマ運河式水門「扇《おうぎ》橋閘門《ばしこうもん》」を通過して、スカイツリーの真下をめざす船旅コースなども用意されている。

見下ろす

『江戸一目図屏風』とスカイツリー

江戸時代の絵師、鍬形蕙斎《くわがたけいさい》によって描かれた『江戸一目図屏風』というものが残されている。いわゆる江戸の街を眺める鳥瞰図であるが、スカイツリーからの眺めと酷似しているそうだ。スカイツリーの「天望デッキ」に設置されているので、見比べてみると、ビルの有無のみならず、地形から大きく変化していることに気付く。

天望デッキからは、３６０度、都心から埼玉方面まで見渡すことができる。隅田川をはじめ、神田川、日本橋川、荒川、中川、江戸川、下町をくまなく流れる運河など多くの河川を見ることができ、水都東京の名残を感じることができる。

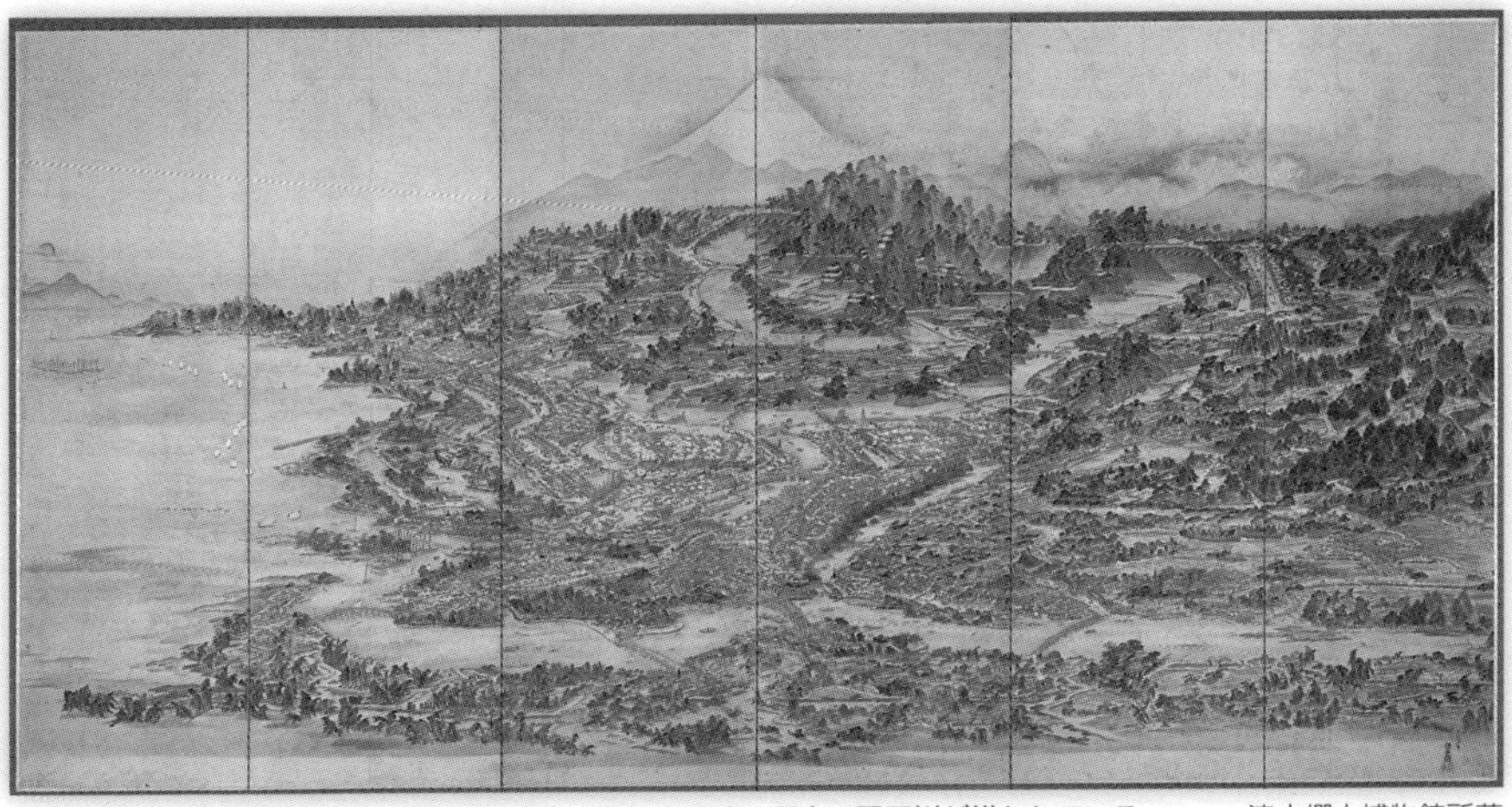

鍬形蕙斎『江戸一目図屏風』。背後に富士山、左に江戸湾、下方に隅田川が描かれている。　津山郷土博物館所蔵

空中を歩く仕掛け「天望回廊」

高さ445メートルにエレベーターが到着すると、「天望回廊」と呼ばれる、ガラス張りのスロープの入口が目の前に現れる。1周約110メートルのゆるやかなスロープを歩くと、高さ451・2メートルの最高到達点「ソラカラポイント」に到達する仕掛けだ。白を基調にしたインテリアと大きな窓は、外からの光や時間を感じやすく、空との一体感を感じさせる。日本一高い空を歩く旅が、ここでは叶う。

●地域への影響

東京そして日本の新たなランドマーク形成へ

名文家でもあったチャーチル元英国首相が「私たちが建物をつくるが、その後は、建物が私たちをかたちづくる」という言葉で残しているように、建築や街のたたずまいはパブリックな性格を持ち、それによって、私たち自身は大きな影響をうけている。

スカイツリーも、おそらく大きな影響を与える建築となるだろう。建設中からその進捗を追いかけている人も多く、インターネット上で、誰もが建設過程を追うことができた。武蔵国をイメージさせる634メートルの高さとともに、下町のランドマークを超え、日本のランドマークへと飛躍することは疑いない。

タワーを囲んで分かち合う想い

タワーは、その視認性の高さから広告塔としての機能や、パブリックな発信を行う媒体としても使われる。スカイツリーも例外ではなく、２０１３（平成25）年から毎年、東京大空襲と東日本大震災があった３月10日、11日の夜に鎮魂と復興の意味をこめた特別ライティングを行っている。３月10日は完全な白色が、３月11日震災当日には、地元の小学生が「明るい未来」をテーマにデザインしたライティング「明《めい》花《か》」が灯される。２０１５（平成27）年11月には世界を揺るがしたパリでのテロ犠牲者を悼み、世界各地の有名建造物と同様に、スカイツリーがフランス国旗のトリコロールに染め上げられた。

トリビア……エレベーター競演◎地上から天望デッキ（３５０メートル）へ向かうエレベーター「天望シャトル」は東芝エレベータ製ということはよく知られているが、次の天望回廊（４５０メートル）へ向かうエレベーターは日立製作所が請け負い、日本一高いところのエレベーターという実績をつくった。ちなみに、東芝エレベータ製の「天望シャトル」は「東京スカイツリーと４つの空」という統一テーマで、異なるデザインがなされている。エレベーターの動きと連動して変化する映像演出や、高さのパネル表示を見ていると、まさにあっという間に天望デッキに到着する。地上３５０メートルまで約50秒という所要時間は、大容量タイプのエレベーターとしては、国内最高速である。

タワー雑学

凌雲閣《りょううんかく》（浅草十二階）

東京都台東区／約52メートル（173尺）

明治時代から、日本有数の歓楽街が形成された「浅草六区」。見世物小屋がたち並び、昭和に入っても、演劇や映画、幕間のコントなど、芸能の一大拠点として不夜城の名をほしいままにした。その浅草六区に、象徴的な高層建築があったことは、あまり知られていない。赤レンガづくりの八角形の高塔「凌雲閣《りょううんかく》」である。1890（明治23）年から1923（大正12）年、関東大震災で半壊するまでのわずか33年間であったが、当時を生きた人々に大きな印象を残した。

凌雲閣は、日本ではじめてエレベーターが設置された建物としても知られている。エレベーターの設計は、東芝の創始者の一人で、白熱電球の国産化に尽力した藤岡市助《ふじおかいちすけ》とされている。同じ東東京エリアにある東京スカイツリーのエレベーターが東芝エレベータ製であることは偶然とはいえ、非常に興味深い。建物内には、世界各国の品物を売る店が並び、階段を上りながら世界の文明国を漫遊できるという仕掛けだった。

多くの人々で賑わう浅草六区と凌雲閣（中央）。

『東京名所写真帖』国立国会図書館所蔵

10階から12階には展望室が設けられ、望遠鏡も設置されていた。「手を伸ばして月を把《と》るべく 足を挙げて雲を踏むべし 坐ながら数拾里の景色を眼中に集め 十五区の繁華を掌中に見るものは此凌雲閣の外になし」チラシに書かれた文言からも、当時の興奮が伝わってくるようだ。しかし、明治末期には早くも経営難に陥った。

浅草の持つアジアの歓楽街的な妖しさに惹かれる者は多く、芥川龍之介《あくたがわりゅうのすけ》など、当時の文豪がその独特の雰囲気を書き残している。そして、関東大震災で半壊した後は復旧されることもなく、爆破解体されてあっけなく幕を閉じた。

現在、凌雲閣がそびえたっていたそばに、凌雲閣のデザインを取り入れた新たなタワーを建築する計画がある。当時の隆盛を担っていた松竹と、アミューズメント会社主導で進められていたが、現実のものになるかは不透明な状態だ。ただ、そのような計画が持ち上がるほどに、不思議な魅力を放っていたタワー建築であったといえるのかもしれない。

1893（明治26）年刊行『東京景色写真版』に掲載された凌雲閣の写真。

国立国会図書館所蔵

名古屋テレビ塔

愛知県名古屋市／180メートル

●誕生

先見性に満ちた集約電波塔の建設

名古屋テレビ塔は、日本初の集約電波塔として著名である。なぜ、東京タワーより4年も前に、名古屋に集約電波塔が誕生したのか。

1951（昭和26）年、国会で「テレビジョン放送実施促進に関する決議」が採択され、翌年から東京・名古屋・大阪の3都市で実験放送がはじまった。しかし、放送事業者ごとに電波塔を建ててしまうと、景観上も問題があり、その分土地も必要になる。名古屋はそれを見越し、早々に電波塔の一本化に取り組んだのだ。

また、名古屋が戦後に行った徹底的な土地区画整理も建設の下地になった。名古屋の復興計画の特徴は、2本の幅員《ふくいん》100メートル道路を含む、幅50メートル以上の道路を11本設けたことにある。来たる自動車時代への適応とともに、防災面での意図は深い。市街地を南北方向に貫く「久屋《ひさや》大通」は、当初防災的な空地をイメージされたが（札幌の大通公園との類似性が見られる）、1954（昭和29）年のテレビ塔建設にともなって緑地化され、名古屋のシンボルゾーンが生まれた。

電波塔の一本化と、名古屋復興のシンボルとして「東洋のエッフェル塔」をめざした観光タワーの建設という二つの目的が合致して、名古屋テレビ塔は、自治体と地元財界が出資をして建設されることになった。

名古屋テレビ塔。名古屋のランドマークとして市民に親しまれてきた。〔T〕

設計を担当したのは、耐震建築の第一人者で、数々のラジオ放送塔を建設した実績のある内藤多仲博士。塔の真下で地下鉄建設の予定があったが、地盤が非常によく、4足の基礎はわずか6メートル程度で安定させることができた。内藤博士は、名古屋テレビ塔の成功を受け、全国の観光電波塔の設計に携わることになる。「タワー6兄弟」と呼ばれる6基のタワーの長男が名古屋テレビ塔である。戦災復興事業と連動して整備され、名古屋復興の歴史を見守ってきた記念碑的価値を持つことから、2005(平成17)年国の有形登録文化財となった。

名古屋の風景としての価値

名古屋テレビ塔は、2011(平成23)年7月のアナログ放送終了に伴い、瀬戸市の「瀬戸デジタルタワー」に電波塔としての役割を譲った。大役を果たした名古屋テレビ塔を存続させるべきか否かを決定するにあたり、名古屋市が資産価値の検討を行った。テレビ塔存続のための維持管理費を市民の募金で支払うと仮定した場合、概算であるが、市内在住者の支払い意志額は年間36億円と算定された。この結果は、名古屋テレビ塔が、名古屋市の風景として深く心に残っていることを証明した。7割を超える市民が存続を望み、そのうち8割前後の市民が「財政支援もやむを得ない」と回答しており、公的資金の投入に厳しい目が光る昨今、非常に高い数値であるといえよう。

ただ、存続を求める市民のうち、7割強の方が、より賑わいのある施設へのリニューアルを求めている。存在そのものではなく、運営などソフト面への対応が求められそうだ。テレビ塔がある風景に親しみを感じ、名古屋のシンボルとしての灯を消したくないという市民の思いが、現実的な対応につながるかどうかが注目されている。

おそらく、名古屋テレビ塔も、東京タワーと同じ道をたどっていくことが、存続の秘訣になるだろう。風景であることを超え、人々の思い出が詰まったランドマークになることだ。近年は、展望台のガラス窓を使ったプロジェクションマッピングや、「恋人の聖地」として、カップル向けの企画を実現するなど、若年層の思い出づくりを行っている。

●見上げる

シンボルロードにたつシルバーの塔

建設当時、航空法第51条で60メートル以上の塔には赤白の塗装が義務付けられていた

久屋大通公園の中にたつ名古屋テレビ塔。

が、名古屋テレビ塔はシルバー一色。航空法の該当条例が制定される前に完成されたものであること、最上部に航空障害灯を設置したことで、特例としてこの色が許可された。

久屋大通公園や、広場や商業施設の複合施設として賑わうオアシス21と一体化し、名古屋を代表する都市景観を生み出している名古屋テレビ塔。テレビ塔を核にしたシンボルロード久屋大通は、パリのシャンゼリゼ通りと民間主導で友好提携を結んでいる。

久屋大通とシャンゼリゼ通りの友好提携モニュメント。〔T〕

「派手好み?」名古屋らしいライトアップ

本格的なライトアップは、名古屋で世界デザイン博覧会が開かれた1989(平成元)年に開始された。開業六十周年を迎えた2014(平成26)年からは、LEDを1万個以上用い、ダイヤモンドの輝きをイメージした塔体ライティング「煌《きらめき》」が登場している。時刻00分には光が上に、30分には光が下に流れ、その瞬間は必見だ。

見下ろす

地上90メートルから眺める景色

名古屋は、意外と高い建物が少ない。名古屋テレビ塔は展望台としての魅力を長年にわたり保ち、2013（平成25）年日本夜景遺産にも認定された。地上90メートルという展望台の高さは、移り変わる街の表情を観察するのにふさわしい。開業当時のキャッチコピーは「見える見える　渥美も　伊勢も　アルプスも」という壮大なもの。その力は絶大で、休憩所など全く整備されていない段階から、人々が殺到した。今も、眼下の久屋大通公園やオアシス21、遠くは伊勢湾や御嶽山まで見渡すことができる。地上100メートルには屋外の展望台もある。

●地域への影響

「栄」再浮上の一手となるか

テレビ塔がたつ名古屋を代表する商業地域「栄地区」であるが、近年東海地区や東京・大阪方面からの玄関口である「名駅《めいえき》地区（名古屋駅周辺）」の発展が著しく、地域の集客力に陰

名古屋テレビ塔から御嶽山を望む。　　提供：名古屋テレビ塔株式会社

りが見られる。名古屋テレビ塔も、パノラマ性は維持しているものの、展望室の高さを比べると、名駅地区のミッドランドスクエアの展望施設「スカイプロムナード」が地上２２０メートルと圧倒的だ。栄地区に人を呼び、テレビ塔を存続させるためには、テレビ塔と久屋大通公園との一体的な整備が望まれる。専門家からも、文化財としての価値の高さとともに、今後電波塔や観光塔が必要になった際これ以上の立地が考えられないことから、存続を望む声が聞かれる。

トリビア……

階段早登り競争◎二周年事業として、地上から展望台まで３９３段の階段早登り競争が行われたことがある。一般応募者60名が駆け上がったが、あまりに過酷。健康上の理由から1回のみの記念行事となったそうだ。

１００万人目◎少々出来すぎのエピソードであるが、１００万人目の登塔者は内藤多仲博士の娘さんだったそう。

のどをうるおして◎経営面で難題続きの名古屋テレビ塔を守るため、地元ゆかりの企業が設置した「テレビ塔支援自販機」。飲料を購入すると、売り上げの一部がテレビ塔支援に回る。寄付ボタンもあり、つり銭から任意の金額を募金できるそうだ。危機を知ってもらうきっかけとしても興味深い取り組みだ。

2 歴史と地域をみつめるタワー

大阪・新世界と通天閣。〔T〕

北海道百年記念塔

北海道札幌市／100メートル

誕生

1968（昭和43）年、北海道は「北海道開基百年」と称し、1869（明治2）年の開拓使設置以来百年という記念すべき年を祝った。先住民がいる中での開基（開拓）という言葉に対しては疑問の余地が残るが、北海道の歴史において、札幌に置かれた開拓使が果たした役割は相当に大きい。1869年、蝦夷地は北海道と改められ、開拓使の指導の下で道内の開発が本格化した。以降、札幌を中心とした北海道の発展は目覚ましいものがある。

塔の入り口に飾られた開拓の様子を描いたレリーフ。〔T〕

その記念行事の一環として、道立自然公園に指定されたのが野幌《のっぽろ》森林公園であり、公園内に記念碑として建設されたのが北海道百年記念塔である。建立碑の言葉を借りると、「かつて原始の密林を伐り拓き、厳しい風雪に耐え抜いて、本道発展の基礎を築いた多くの先人の偉業を長く後世に顕彰し、慰霊の誠を捧げるとともに輝く未来を創造する決意の表徴として」着工され、1970（昭和45）年に完成した。北海道開基百年にちなんで高さは100メートルとさ

野幌森林公園にそびえる北海道百年記念塔。〔T〕

れ、建設費5億円のうち半分は道民からの寄付で賄われた。各戸１００円の募金活動が行われるなど、１００という数字に対する行政の強い思い入れを感じさせる。

見上げる

北の大地にそびえる

相対する二次曲線によって構成され、天を衝くような独特のデザインは、公開設計競技（デザインコンペ）で決定された。選ばれたのは、北海道出身の井口健《いぐちけん》氏のデザイン。北海道の厳しい自然に打ち克つたくましい生命力を造形的に追求し、未来性を強く打ち出したいと考え、重厚で動的なデザインを追求したそうだ。その形状もユニークだが、耐酸性高張力鋼板で覆われる外観のどっしりとした雰囲気は、北国の荒々しさも感じさせ、雪景色の中で一層映える。

ＪＲ函館本線を行き交う列車の窓からアイ・ストップとなる記念塔の姿は、世代を問わず北海道開拓のイメージシンボルとして記憶され続けるのだろう。

平面は雪の結晶の原型である六角形のデザイン。　提供：札幌市厚別区役所

見下ろす

開拓のパノラマ

高さ100メートルの北海道百年記念塔であるが、展望室のある8階は23・5メートルと、約4分の1の高さしかない。加えて、エレベーターは保守専用なので、展望室までは階段を使うことになる。

ただ、広大な野幌森林公園に位置することから、東側の窓からは公園内の広大な森林を、西側からは真っ直ぐ市街地に向けて引かれたライン上に新札幌や札幌市街を見通すことができる。しかし現在、塔および周辺は安全上の理由で立入禁止となっている。

地域への影響

北海道史の縮図にたつ開拓の象徴

新札幌という、札幌市の副都心に定められた地区に隣接しながら、2053ヘクタールもの広さを誇る野幌森林公園。その大部分は国有林であり、北海道の大

北海道百年記念塔より札幌市街地方面を望む。〔T〕

北海道開拓の村を走る馬車鉄道。〔T〕

自然が残されている。1873（明治6）年、開拓使によって官林に指定されて以来、皇室財産の御料林となったり、分割払い下げが持ち上がったり阻止されたりと、紆余曲折を経ながらも、1968（昭和43）年、道立自然公園に指定された。

公園内には、北海道百年記念塔と同様に、開拓百周年を記念してつくられた北海道開拓の村と、北海道博物館（当時の北海道開拓記念館）がたっている。

北海道開拓の村は、開拓の過程における生活と、産業・経済・文化と多方面にわたる歴史を物語る建造物を移設し、復元保存している野外博物館である。明治から昭和初期にかけての道内各地の情景を再現することで、北海道開拓の歴史を身近に感じながら学ぶことができる。夏には馬車鉄道が走り、有名な「鰊《にしん》御殿」なども見学できるので、人気の観光スポットとなっている。

北海道博物館は、北海道開拓記念館と道立アイヌ民族文化研究センターという二つの施設を統合して新たに開設された博物館。開拓の歴史だけではなく、先住民族であるアイヌ民族やその文化、北海道の自然などを総合的に学ぶことのできる博物館として２０１５（平成27）年に再スタートを切った。

北海道の財産である自然を守り育てる野幌森林公園。その中に、開拓の歴史を象徴する記念塔と、開拓の村という野外博物館、そして、開拓記念館から名実ともに変化を遂げた北海道博物館が存在することは意味深い。この広大な公園は、北海道の歩みを体現した縮図であるといえるのではないだろうか。

トリビア……デザインコンペで決定◎全国で募集をかけたデザインコンペには、当時から著名であった建築家黒川《くろかわ》紀章《きしょう》も参加していたが、コンペに勝利したのは札幌工業高校の建築科を卒業した井口健氏だった。施工についても、同高校の同期が活躍したそうだ。

五稜郭タワー

北海道函館市／107メートル（避雷針）

●誕生

五稜郭タワーはその名の通り、北海道函館市の特別史跡「五稜郭」に隣接し、築城百年を記念して建造された。1964（昭和39）年12月に初代タワーが開業となったが、タワー施設の老朽化に加え、展望台から五稜郭の堀の一部が死角となっていたこと、展望台の手狭感から、41年間の稼働を終え、2006（平成18）年4月に新タワーへとバトンタッチされた。ただ、旧タワーの解体が同年の6月にはじまったため、わずかな期間ではあるが、二つの新旧タワーが並びたつめずらしい光景が見られた。旧タワーが高さ60メートル、新タワーは高さ107メートル。五稜郭の全景が望めるようになった。2016（平成28）年3月には、北海道新幹線「新函館北斗駅」も開業し、本州からのさらなる観光客増加が期待されている。

五稜郭の歴史は、江戸幕府の政策と深く関係している。1853（嘉永6）年、ペリー率いるアメリカ艦隊が来航した。黒船の脅威で幕府内は大いに揺れ、1854（安政元）年、幕府はアメリカと日米和親条約を締結、下田と箱館（現・函館）の開港を決定した。同時に、箱館奉行所も設置されたが、外国からの攻撃に対する脆弱性が指摘され、国内初の西洋式城郭の築造が計画された。蘭学者武田《たけだ》斐三郎《あやさぶろう》の手により設計された五稜郭だったが、歴史の表舞台に登場したのは、完成の

五稜郭に隣接する五稜郭タワー。〔T〕

4年後に開戦された箱館戦争がきっかけだった。維新政府軍と旧幕府軍との間で行われた戊辰戦争最後の戦いである。北の大地まで追い詰められた旧幕府軍は、五稜郭を占拠。榎本武揚《えのもとたけあき》を総裁とする「蝦夷共和国」を樹立した（蝦夷共和国という名称については諸説あり）。

約5か月後、新政府軍の箱館総攻撃が開始され、現在でも人気の高い新撰組副長の土方歳三《ひじかたとしぞう》が戦死するなど、旧幕府軍は敗北。五稜郭は、明治政府の兵部省に管理されることになり、1914（大正3）年に市民の公園として利用されるようになった。このような来歴から、新撰組のファンや、「歴女」からの人気も高い。

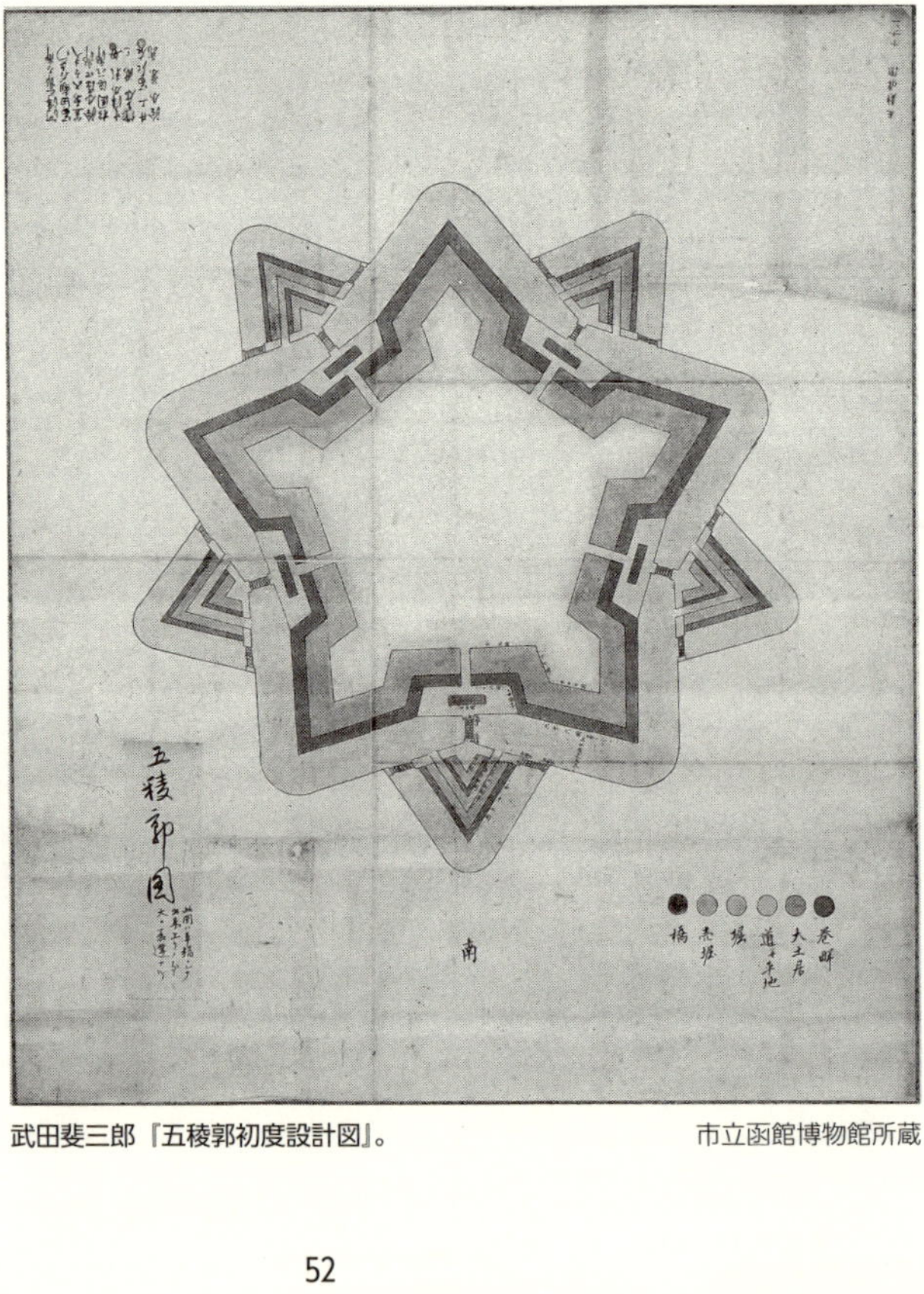

武田斐三郎『五稜郭初度設計図』。　市立函館博物館所蔵

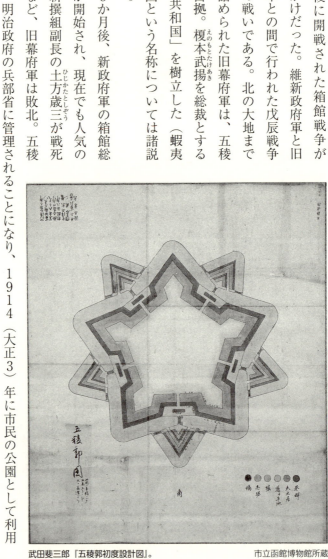

見上げる

体は名をあらわす

「五稜郭」の展望を目的としているタワーらしく、塔体の断面は星形、展望台は五角形と、五稜郭独特の形状をコンセプトに落とし込み、塔の存在そのものが五稜郭の特徴をより意識させることに成功している。展望台の収容人数は約５００名と広々した設計。旧タワーの跡地にはガラス張りのアトリウムが建設され、展示、イベントスペース、カフェが設置された。展望台は二層構造で、その2階には五稜郭にまつわるジオラマ16体が並んでおり、歴史をビジュアルで学ぶことができる。

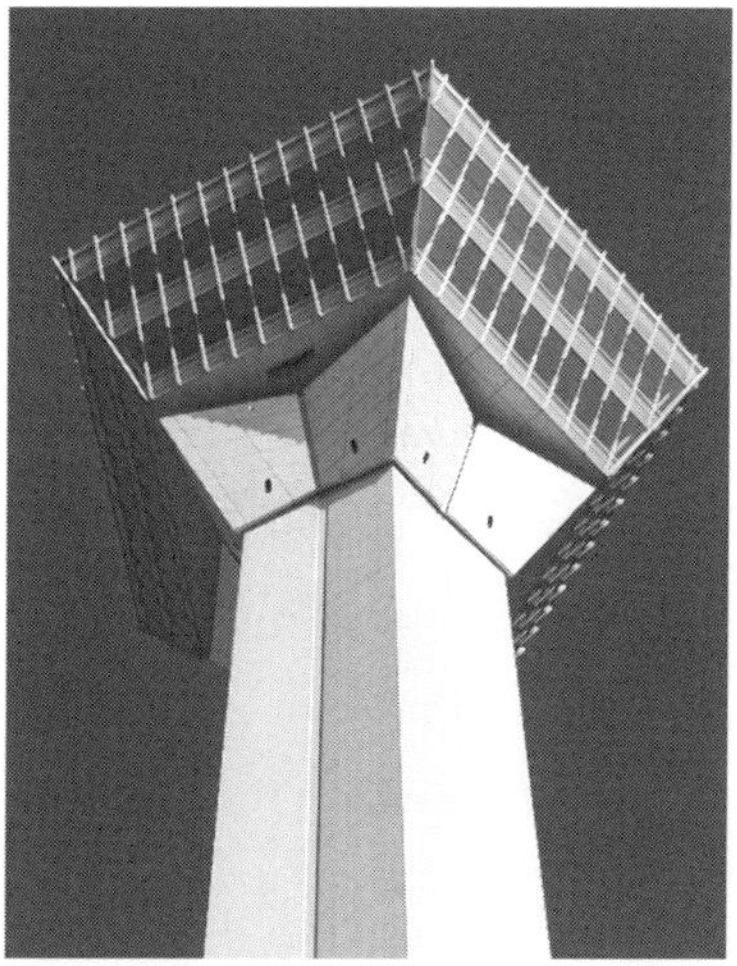
五角形の展望台を見上げる。

見下ろす

五稜郭の星形を見るための眺望塔

五稜郭を眺めるという、これほど明確な使命を帯びたタワーもめずらしい。旧タワーでは45メートルだった展望台の位置も、新タワーでは上層階で90メートルと元の2倍の高さとなり、五稜郭の全体をはっきり確認できるようになった。四季折々で、五稜郭の色は変化する。春には桜が咲き誇り、夏に緑が色濃く、秋に紅葉の季節を迎え、冬に雪の白色と姿を変えるため、どの季節もそれぞれ魅力的な景観となる。冬は「五稜星《ほし》の夢《ゆめ》イルミネーション」が行われ、五稜郭の堀約1・8キロメートルが約2000個の電球で彩られる。暗やみに浮かぶ美しい五稜星は、箱館戦争での滅びの歴史を感じさせるようで、幻想的である。

タワーからは函館の街並み、函館山はもちろんのこと、津軽海峡や横津連峰まで見渡すことができる。

●地域への影響

アメニティ空間の醸成

五稜郭公園は、桜の名所として親しまれ、普段から散歩をする地元住民の姿が多く見られる。函館市民にとって五稜郭の存在は特別なも

五稜郭タワーから五稜郭を望む。〔T〕

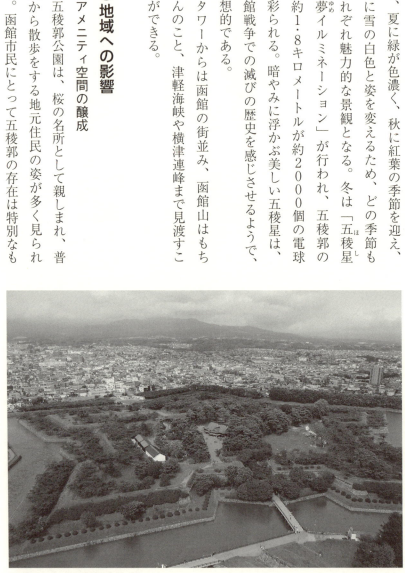

のであり、その全景を見られるタワーが新しくなったことは好意的に受け入れられているようだ。敬老の日には、函館市・渡島《おしま》・檜山管内在住の65歳以上の方は無料で上ることができる。
　ガラス張りのアトリウムはイベントスペースとしても人気が高く、観光客のみならず、地元住民にも活用されている。土日祝日には、タワーのイメージキャラクター「GO太くん」が登場するそうだ。

トリビア……GO太くん◎タワーのイメージキャラクター「GO太くん」の憧れの人は、五稜郭の設計者「武田斐三郎」。好きな曲は「星に願いを」であり、五稜郭、そして星形へのこだわりは徹底されているが、好きな食べ物は「チョコレート」。スターフルーツとまではいわずとも、金平糖でもよかったのでは…というのは求めすぎだろうか。

五稜郭タワーから函館市街地や函館山を望む。〔T〕

横浜ランドマークタワー

神奈川県横浜市／296メートル

●誕生

みなとみらい21という計画都市の象徴

ウォーターフロント都市再開発として、今なお建設が続けられているみなとみらい21地区。その中核として、横浜ランドマークタワーはたっている。江戸幕府の鎖国体制に終止符が打たれたその時から、日本の玄関口として拡張を続けた横浜港。数多くの船を受け入れてきた港町横浜は、大正時代から戦後に至るまで「横浜の五重苦」と呼ばれる難題に悩まされ、地域の発展が大きく妨げられた。関東大震災、昭和恐慌、太平洋戦争の空襲、GHQの占領と接収、人口増による無秩序な開発という困難が立ちはだかったのだ。1965（昭和40）年「横浜市六大事業」が提案され、現在のみなとみらい21地区一帯を再整備し、横浜駅周辺と、関内・伊勢佐木町の二つに分断された横浜都心部を一体化させるという計画が打ち出された。しばらく止まったかに見えた同計画だったが、一帯の大部分を占めていた三菱重工業横浜造船所の移転完了を受け、1983（昭和58）年みなとみらい21事業は着工された。

三菱重工業から造船所跡地を買い受け、三菱地所がみなとみらい21地区の核として建設した横浜ランドマークタワー。2016（平成28）年3月には、三菱商事都市開発が横浜赤レンガ倉庫に隣接する商業施設をオープンさせるなど、みなとみらい21地区の開発においては、三菱グループが広く関わっている。

横浜ランドマークタワーは、1993(平成5)年7月に開業した。地上70階、296メートル

横浜・みなとみらい21地区にそびえる横浜ランドマークタワー。〔T〕

という高さは、２０１４（平成26）年に開業した、大阪のあべのハルカスに次いで日本の超高層ビル第２位である。建設当初は３００メートル案も計画されていたが、羽田空港との距離の関係から建築可能な高さの上限が決まっていたため実現しなかった。

世界に誇るエレベーター技術

高層建築に欠かせないエレベーター。最大分速約７５０メートル（時速45キロメートル）は、日本最速を誇る。世界的に見ても、２００４（平成16）年開業の「台北１０１」（台湾）に記録を破られるまでは世界最速で、下りるスピードは現在でもトップである。その速さとともに、床にたてた10円玉が倒れないという、高い安定性が話題となった。

現在、神奈川県主催で「横浜ランドマークタワー・スカイクライミング」が行われている。普段は利用できない約１５００段の非常階段を上りきったあかつきには、約40秒で展望フロアに到着できるエレベーターのすごさを心から実感できそうだ。

見上げる

みなとみらい21地区のシンボル

自然地形の高低に合わせて建築物群の高さを揃えると、景観に統一感をもたらし、落ち着いた印象を与えることができる。みなとみらい21地区は、海側から山側へ向けて建築物の高さを徐々に高

海側（右）から山側（左）に向けて高さを徐々に高くした建築物。右からヨコハマ グランド インターコンチネンタル ホテル、3棟からなるクイーンズスクエア、横浜ランドマークタワー。〔T〕

くし、周辺建造物の高さとのバランスを図っている。海に浮かぶヨットの帆をイメージしたヨコハマ グランド インターコンチネンタル ホテルからはじまり、階段状に建設されたクイーンズスクエア、横浜ランドマークタワーへと続く、なだらかなスカイラインは美しく、突出したランドマークタワーの高さを、唐突感のないものにしている。

ちなみに、ランドマークの語が一般化するきっかけの一つが横浜ランドマークタワーである。横浜港に入出港する船舶が目印にするランドマークなのだ。

歴史を生かすドックヤードガーデン

ランドマークタワーの真下にあるドックヤードガーデン。ドック（船渠《せんきょ》）は、船舶の修理・整備とともに、船舶の建造も行う、港湾の発達に不可欠な設備である。横浜港の発展に寄与した横浜船渠（のちの三菱重工業横浜造船所）の1号ドックは日本丸メモリアルパークへと生まれ変わり、日本最古の石造りドックヤードの2号ドックは復元、保存され、ドックヤードガーデンとなった。現在は、ライブやコンサートなどを行うイベントスペースとして利用され、独特な形状を生かしたプロジェクションマッピングが行われている。ドックヤードの裏側にはグルメゾーンが広がっていて、保存にとどまらない活用が高い評価を受けている。

●見下ろす

横浜港・みなとみらい21地区の変化を見つめる

69階の展望フロア「スカイガーデン」は、高さ273メートル。横浜港、ベイブリッジ、発展を続けるみなとみらい21地区をはじめ、東京タワー、東京湾、房総半島、富士山と広大なパノラマを楽しむことができる。みなとみらい21地区の開発が進むごとに、さらに夜景が美しくなり、観光客のみならず、横浜市民から愛されている風景が眼下に広がっている。

●地域への影響

横浜の過去・現在・未来

「みなとみらい21」事業は、その名の通り「21世紀にふさわしい未来型都市」をめざした先進的な開発である。特徴的なのは、港町横浜の歴史を各所に残していることである。前述のドックヤードガーデンや日本丸メモリアルパーク、横浜港の発展を支えた臨港鉄道の跡地を遊歩道とした「汽車道」や山下臨港線プロムナード、横浜赤レンガ倉庫が改築されて生まれた赤レンガパークなど、各史蹟が観光資源として有効活用されている。

その他にも横浜マリンタワー、外国航路で活躍した貨客船の歴史を物語る氷川丸など見どころは多く、関東大震災の瓦礫などを用いて造成された山下公園からみなとみらい21地区へと続く道は、横浜の過去・現在・未来へと延びているかのようだ。

多様化する街のポテンシャル

ランドマークタワーという名の通り、みなとみらい21地区、ひいては横浜市のランドマークとなったタワーの存在は、港町横浜の新たな可能性を感じさ

創建から100年以上たつ横浜赤レンガ倉庫。

せた。開業の2年前に竣工したコンベンションセンター「横浜国際平和会議場（パシフィコ横浜）」は順調な稼働実績を残しており、隣接街区への施設拡張も計画されている。街としての魅力が多彩に花開いた格好だ。

トリビア……**破壊される横浜ランドマークタワー**◎特撮物で、破壊の対象として怪獣に狙われやすいタワー。横浜ランドマークタワーも例外ではなく、1992（平成4）年公開の『ゴジラvsモスラ』の中で、タワーの上半分が折られてしまっている。1993（平成5）年の開業前に破壊されることを懸念し、制作側の東宝がデベロッパーの三菱地所に相談したところ、宣伝になると快諾されたそうだ。

山下公園から横浜ランドマークタワー方面を望む。〔T〕

木曽三川公園「水と緑の館・展望タワー」

岐阜県海津市／65メートル

誕生

中日新聞本社創業百周年記念事業の一環として、木曽三川公園に建設されたことから、当初は「中日治水タワー」と呼ばれていた水と緑の館・展望タワー。東から木曽川、長良川、揖斐川という木曽三川が並行して流れる雄大な景色を一望できる場所に建てられている。

タワーのたつ「木曽三川公園センター」は、東海地方のレクリエーション需要にこたえるために設置された公園だが、この地は、長年水害との戦いを強いられてきた地域でもある。濃尾《のうび》平野は東が高く西が低い地形であり、木曽三川がこの地域に集まるためだ。「輪中《わじゅう》」という堤防で囲まれた地域について学ばれた方も多いと思う。水害を引き起こしてきた木曽三川を分流するために尽力した人物として知られているのが平田靱負《ひらたゆきえ》とヨハニス・デ・レーケだ。

木曽三川の分流に尽力した平田靱負とヨハニス・デ・レーケのレリーフ。〔T〕

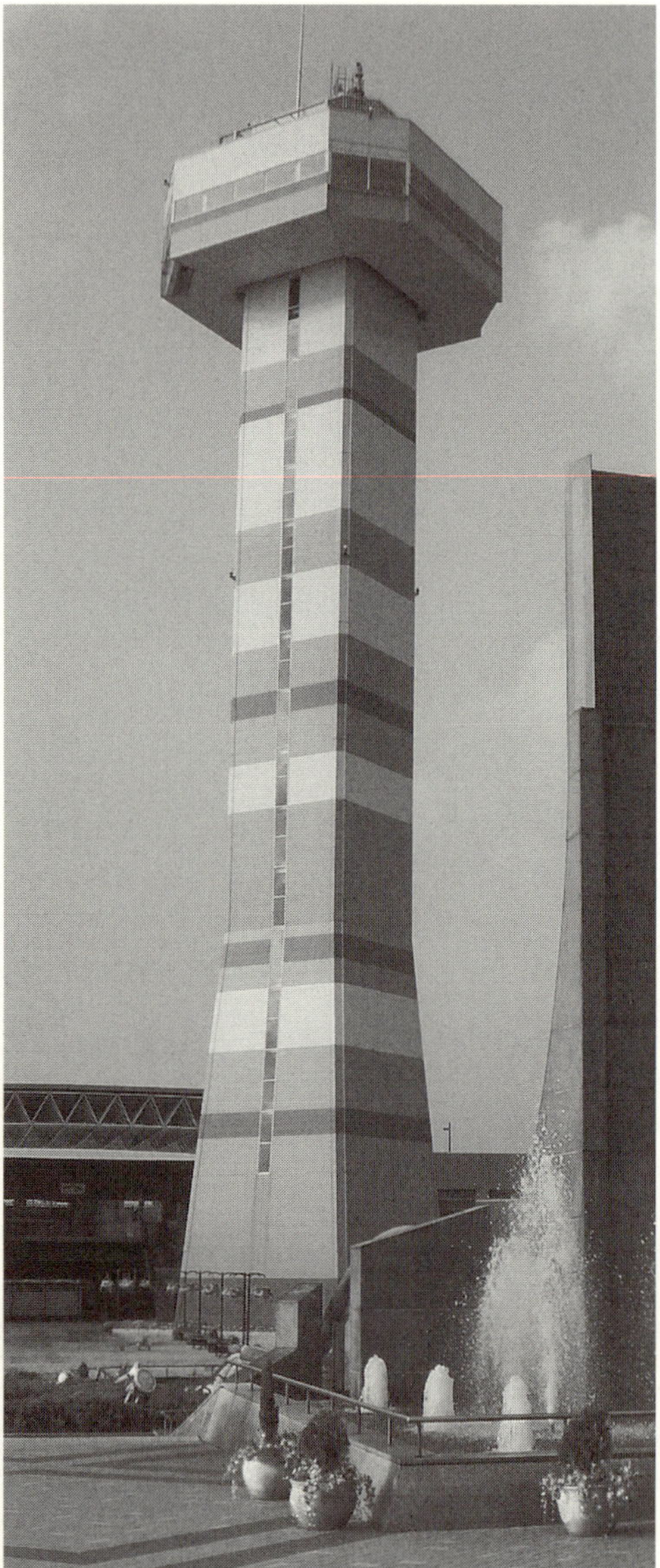

木曽三川を一望できる水と緑の館・展望タワー。〔T〕

見上げる

空へ伸びる木曽三川のイメージ

日建設計が手掛け、１９８７（昭和62）年に完成したタワーは、２００９（平成21）年3月にリニューアルオープン。木曽三川の歴史や自然環境について、より深く学べる施設となった。タワー自体は、木曽三川をイメージしているのか、3種のブルートーンで塗り分けられている。同じ公園内にあり、斬新なデザインで有名なツインアーチ１３８（→P219）と異なり、シンプルな形状である。

●見下ろす

三川を分かつ堤防に思いを馳せる

眼下に広がる木曽三川の雄大な流れと、輪中地帯独特の水郷景観、遠くは中央アルプス、伊勢湾を望むこともでき、豊かな自然を一望のもとにできる。特に、三川を分かつ堤防の姿が印象的だ。

水と緑の館・展望タワーを有する木曽三川公園は、愛知、岐阜、三重の3県にまたがる日本一広い国営公園。木曽川・長良川・揖斐川の木曽三川が織りなす豊かな自然環境を活用した公園は、三派川《さんばせん》地区・中央水郷地区・河口地区の3地区からなり、全13拠点が開園している。そのうち、展望タワーが属しているのは、中央水郷地区の「木曽三川公園センター」である。冬のイルミネーションイベントにも力を入れているそうだ。

水と緑の館・展望タワーから、左手に長良川、右手に揖斐川を望む。
二つの川のあいだに千本松原がある。〔T〕

地域への影響

木曽三川治水の歴史

木曽三川治水の歴史を語る上で欠かせないのは、江戸時代と明治時代に行われた改修工事である。江戸時代中期の工事は「宝暦治水」と呼ばれ、工事にまつわる苛烈なエピソードは、今も強く地元の人々の心に残っている。

史実であったかの検証は今後も必要となるが、1608（慶長13）年に、木曽川左岸に位置する尾張国（愛知県）を水害から守るため「御囲堤《おかこいづつみ》」がつくられたものの、木曽川右岸の美濃国（岐阜県）は、大きな堤防を築くことを禁止され、たびたび洪水に悩まされていたという話が残されている。尾張国はもちろん、徳川御三家である尾張徳川家の領地である。

幕府は1753（宝暦3）年、三大河川の改修計画書をつくり「お手伝い普請」を薩摩藩に命じた。お手伝い普請とは、幕府の設計監理のもと、命じられた藩が工事にあたるという建設事業であり、工事費の大部分は藩の負担。難工事が予想されたため、外様の有力藩である薩摩藩を指名し、藩の弱体化を狙ったともいわれている。

命令を受けた薩摩藩では、家老の平田靭負が総奉行となって約千人の藩士が工事にあたった。洪水による竣工部の被災、幕命による度重なる計画変更、追加工事などの過酷な条件を乗り越え、1755（宝暦5）年5月竣工。1年半という短期間での工事中に、薩摩藩士の死者87名（うち、幕府への抗議表明や、難工事の重圧で自刃した者54名）と犠牲者が続出。薩摩藩は、総費用約40万

平田靱負を筆頭に、薩摩藩士を祀る治水神社。〔T〕

両（現在の300億円相当）という巨額の借金をかかえこむことになり、その責任を取り、責任者の平田自身も「住みなれし里も今更名残にて　立ちぞわづらふ美濃の大牧」という辞世の句を残して自刃するという、悲しい歴史が語り継がれている。

油島堤防には、薩摩から松の苗木を取り寄せて植えたと伝えられる千本松原があり、大きく成長した松は青々と茂り、松林の中に、平田をはじめとした薩摩藩士を祭神とした治水神社が建立された。

もう一つが、明治時代中期に行われた改修工事で、現在にも通じる働きをしている。その立役者であるヨハニス・デ・レーケは、いわゆるお雇い外国人として来日し、治水事業に大きな功績を残したオランダ人技師である。31歳で来日したデ・レーケは、1877（明治10）年より木曽三川改修計画を担当。治山治水の思想のもと、上流部の水源地砂防の重要性を強調し、近代砂防の祖と呼ばれている。デ・レーケの策定した改修計画により、1887（明治20）年から木曽三川分流工事が着工され、1912（明治45）年に完成した。日本での滞在期間が30年とほかの技師よりも長く、日本の国土条件と社会条件にあった河川改修・港湾事業を指導したという。

トリビア……岐阜県と鹿児島県の姉妹県盟約締結◎宝暦工事の後、流域の地元住民は、工事に従事した薩摩藩士を「薩摩義士」と敬い、治水神社の建立につながった。その絆は長く生き続け、岐阜県と鹿児島県は、1971（昭和46）年7月27日に姉妹県盟約を結んだ。

京都タワー

京都府京都市／１３１メートル（避雷針）

●誕生

世界的観光都市・京都のシンボル

産業・文化・観光の一大センターとして活用し、京都市の伸展に貢献することをめざして建てられた京都タワー。１３１メートルという高さは、建設当時の市内人口約１３１万人に由来するとされている。世界的な観光都市となった京都の表玄関、ＪＲ京都駅と向かい合うようにしてたつ、京都のシンボルである。２０１５（平成27）年６月には訪日外国人向け観光案内所をオープンし、観光の拠点としても魅力を増している。

京都中央郵便局の跡地に建てられた京都タワーは、１９６４（昭和39）年、オリンピックイヤーの12月に開業した。１９６１（昭和36）年に誕生した横浜マリンタワーに触発され、「京都の玄関口にふさわしい塔を」と計画されたというエピソードも残る。

京都タワーは２０１４（平成26）年、開業五十周年を迎えた。開業以後、毎年40～50万人がコンスタントに訪れており、２０１４年９月には２９００万人に到達。一般的にタワー建設の一大目的として電波塔としての利用が挙げられるが、電波塔の予定は当初からなく、観光都市のシンボルとしての役割を担っている。

見上げる

無鉄骨建築

京都タワーは、モノコック構造（応力外皮構造）という鉄骨を使わないタワーである。厚さ12～22ミリメートルの特殊鋼板シリンダーを溶接し、なめらかな円筒型をつくりあげている。設計者は、武道館の設計も行った建築家山田守《やまだまもる》。曲面や曲線を用いた個性的なデザインが特徴だ。また、地下3階・地上9階のビルの屋上に約８００トンもの重さのタワーがたつという不思議な外観が印象的である。

開業五十周年に向け、外壁の塗り直しやエレベーターの改修を行った。エレベーターには、京都の名所や、京都三大祭のシルエットを装飾するなど、観光気分を盛り上げてくれる。

京都タワーは、京都駅向かいのビルの屋上にそびえる。〔T〕

ろうそく？　灯台？

京都タワーは「お寺のろうそくをイメージしてつくられた」という話が有名だが、俗説のようだ。設計のモチーフは灯台で、京町家の瓦ぶきを波に見立てて、海のない京都の街に光を当てている様子をイメージしているのだという。

見下ろす

碁盤の目にちりばめられる国宝・世界遺産

国宝や、世界遺産「古都京都の文化財」に指定されている寺社が点在する京都。東福寺や三十三間堂、知恩院、清水寺、東寺、東本願寺、西本願寺など、著名な寺社を眺めることができるのは、京都タワーならでは。平安京造営に遡る風水に基づき、計画都市の名残が感じられる京都市街はもちろん、毎年8月

京都タワーより東本願寺方面を望む。〔T〕

16日に催される「五山送り火」の鑑賞には打って付けの場所だ。晴天時には、大阪市街まで望むことができる。

地域への影響

景観論争

タワーの建設における対立といえばパリのエッフェル塔が有名だが、京都もそれに劣らない反対運動が起きた。京都のランドマークといえば、木造塔として日本一の高さを誇る東寺の五重塔（京都市南区、約55メートル）で、それよりも高い建物は建ててはいけないという不文律があった。そのような背景のもと、観光客誘致のためタワーの建設を呼びかける政財界中心の推進派と、学者や文化人を中心とする反対派が対立し、世論を二分した。反対派のスローガンは「応仁の乱以来の破壊」であったという。約５００年前の出来事が引

京都タワーより東寺方面を望む。〔T〕

き合いに出される京都人の時間感覚には、少々驚かされる。

2014（平成26）年に開業五十周年を迎え、物心ついた頃からタワーがある世代からは、鉄道で帰京した際に見えるタワーに安心感を覚えるという意見もあり、紆余曲折を経て、京都のランドマークとして認知されつつあるようだ。

トリビア……**地下3階の大浴場**◎観光案内所を有する京都タワーは、大浴場まで持っている。観光をはじめる前のひと風呂が可能になり、ランナーや夜行バスを利用する方に好評だそうだ。

たわわちゃん◎開業四十周年に生まれたキャラクター「たわわちゃん」。どうやら、背の高い人（？）が好みのようで、東京タワーのキャラクター「ノッポン兄弟」によくバレンタインデーの贈り物をしている。

京都駅ビルに映る京都タワー。〔T〕

針尾無線塔

長崎県佐世保市／136メートル

長崎県の佐世保市西海橋《さいかいばし》、新西海橋近くの田畑や果樹園が広がるのどかな風景に、威容を誇る塔が3本、天に向かって伸びている。精巧な鉄筋コンクリートでつくられた高さ136メートルの塔の名は針尾無線塔。1922（大正11）年に竣工した、自立式電波塔だ。

電波塔の建設が叫ばれたのは、1904（明治37）年の日露戦争がきっかけだった。電波通信の重要性が認識され、旧日本海軍によって遠距離無線を行う長波送信施設の建設が開始。その一つとして、針尾送信所は総工費155万円（現在の価値で約250億円）という巨額の費用と、4年にわたる歳月を費やして建設された。

歴史的には1941（昭和16）年12月、太平洋戦争の火ぶたを切った暗号「ニイタカヤマノボレ一二〇八《ひとふたまるはち》」を中継し、中国大陸や南方に発信したのが針尾送信所とされる（発信元は連合艦隊旗艦「長門」、千葉の船橋送信所、愛知県の依佐美《よさみ》送信所など、諸説あり）。

新西海橋（手前）と西海橋（奥）。〔T〕

新西海橋より針尾無線塔を望む。〔T〕

終戦後は海上保安庁が管理を引き継ぎ、1997（平成9）年まで海上保安業務にあたった。役目を終え、取り壊しもささやかれたが、完成から90年が経過してなお、十分な耐震性、耐久性が確認された。そして、2013（平成25）年、針尾送信所は国の重要文化財に指定された。日本最初期に建設された無線電信施設であり、唯一現存すること、そして、大正期の最高水準のコンクリート技術を示すことから、歴史的・技術的観点が評価されたのだ。

現在、佐世保市が主体となって、施設の一部公開を行っている。基部の直径は、12・1メートル。塔に近づけば、戦争にまつわる歴史、先人たちの技術に対する熱意を、その巨大さに感じとることができるだろう。

通天閣

大阪府大阪市／103メートル

●誕生

地元の悲願「二代目通天閣」

２００１（平成13）年、通天閣の塔頂部に取り付けられていた茶つぼのタイムカプセルが開かれ、２本の巻物が取り出された。「通天閣の再建なくして新世界の繁栄は生まれず……」という一文からはじまった巻物は、長さなんと13メートル。再建当時の苦心や再建に力を尽くした人々の功績が書かれていた。

名古屋テレビ塔が竣工した１９５４（昭和29）年、戦後復興を目的とした通天閣の再建を求める声が地元から上がった。通天閣の地元商店街は通天閣観光という会社をつくり、タワー建設の第一人者内藤《ないとう》多《た》仲《ちゅう》博士に設計を依頼した。通天閣ほど地元に熱望されたタワーもめずらしい。豪商による町の開発や、市民の寄付で行われた公的施設の建造など、市民自らが街をつくり上げてきた風土のせいもあろうか。

再建の火付け役となった名古屋テレビ塔を意識していたことは否めず、塔体の高さではかなわないことから（通天閣１０３メートル、名古屋テレビ塔１８０メートル）、展望台の屋根を高いところに架けたそうだ。突出した高さでもなく、車道をまたぎ、すぐそばに市街地が広がるという目立ち難い環境ながら、大阪のランドマークとして今もなお愛され続け、大阪を表す記号として多用されている通天閣。通天閣の名は、漢籍に精通していた儒学者の藤沢南岳《ふじさわなんがく》が命名した。通天閣も京都タワーと同じく電波塔としての役割は当初から想定されず、観光展望塔、広告塔として機能している。

大阪のランドマークとして愛される通天閣。〔T〕

異国を見下ろす初代通天閣

現存する二代目の前には、初代通天閣が存在した。第5回内国勧業博覧会の誘致に成功した大阪は、その跡地に娯楽場「新世界」を建設し、中央に通天閣を据え、シンボルタワーとした。

初代は、凱旋門の上にエッフェル塔が乗るという奇抜なデザインだった。新世界の北半分はパリ市街を思わせる放射状の道を走らせた街区、南半分はニューヨークのリゾート地、コニーアイランドを模した遊園地「ルナパーク」となった。コニーアイランドにはそのものずばり「ルナパーク」という老舗遊園地が現存する。

パリへの憧れを詰め込んだ初代通天閣と、ルナパークを挟んで建設された北欧風の白塔はロープウェイで結ばれた。大阪の人々は、新世界にありながらフランスやアメリカという憧れの国を行き来し、パリや北欧をイメージした塔の上からその異国を見下ろしたのだった。当時としては画期的

1921（大正10）年頃に作成されたルナパークと初代通天閣の絵はがき。

大阪市立図書館所蔵

だったイルミネーションも、その非日常感を高めたことだろう。

しかし、開業からわずか3週間後の明治天皇崩御により、全国の娯楽施設では閑古鳥が鳴いた。初代通天閣もライオン本舗や阪神電車の広告掲出で収入を得たが経営は安定せず、第二次世界大戦のさなかの火災で鉄骨が歪み、軍需資材として大阪府に献納された。しかし、利用された様子もなく、明石の浜に鉄塔が打ち捨てられていたという悲しいエピソードも残る。

見上げる

広告塔としての鉄塔

日立ネオン広告南面。〔T〕

二代目通天閣は、開業の翌年から日立がネオン広告を掲出している。通天閣観光は、初代通天閣に広告を出したライオン本舗から打診して回ったが、建設費を一刻も早く返済する必要があったために条件が厳しくなり、ライオン本舗や松下電器産業、三洋電気と関西の有力企業にことごとく断られた。そこで、企業との仲介を務めた広告代理店、萬年社の取引先であった日立製作所に打診したところ、まとまったお金が必要だという通天閣側の事情に配慮し、広告料を10

年分前払いというなんとも太っ腹な条件で契約となった。一度は断った松下電器産業の創始者、松《まつ》下幸之助《したこうのすけ》は非常に残念がったという。それほど、通天閣の広告宣伝力は強かった。後に松下幸之助が、浅草寺へ大提灯を奉納したのは、自身の病気快癒の返礼というだけではなく、通天閣での無念を晴らしたと考えるのは、邪推だろうか。

広告は四面中三面、一面は公共的に利用することという条項があり、日立は最も広告効果が高いと思われていた西面を、公共的なメッセージを発信する面とした。広告や公共メッセージは時折変更され、時代の移り変わりをよくあらわしている。

●見下ろす

新世界は別世界

前述の通り、娯楽場からスタートした新世界。大阪と聞いてイメージするこてこての「らしさ」をそのままに残している稀有なエリアだ。ソースの二度付け禁止の串カツやどて焼き、ふぐ料理などの食事処を中心に、レトロな風情を残す界隈を通天閣は見守ってきた。

新世界から目を移すと、天王寺公園や天王寺動物園、あべのハルカス、大阪城、難波と梅田の高層ビル、京セラドームなど、大阪のランドマーク的存在も見ることができ、観光客のみならず、大阪市民にも人気が高い。

特別展望台「天望パラダイス」

通天閣には、最頂上部に特別展望台「天望パラダイス」が設置されている。地上94・5メートル、展望回廊の直径は8・5メートルで、風を感じながらの展望が楽しめる。貸切枠もあり、ホームページ上では「新世界の中心で愛を叫ぶ?!」というキャッチコピーで、プロポーズ利用が勧められていた。映画も大ヒットした小説へのオマージュのようだ。

●地域への影響

大阪市民のアイ・ストップ

誕生時から地元に愛され続けた通天閣。東面には日本一の大きさを誇る時計があり、アイ・ストップとしての役割を果たしている。現在は、一年を6色で表現するライトアップが行われており、人々に季節の豊かさを伝えている。1979(昭和54)年からは、塔の頂上に丸いネオンが灯っている。光の天気予報と呼ばれ、大阪管区気象台と通天閣を専用回路で結んで、翌日の天気を知らせてくれる仕組みだ。2段の色の組み合わせで、翌日の天気がわかる

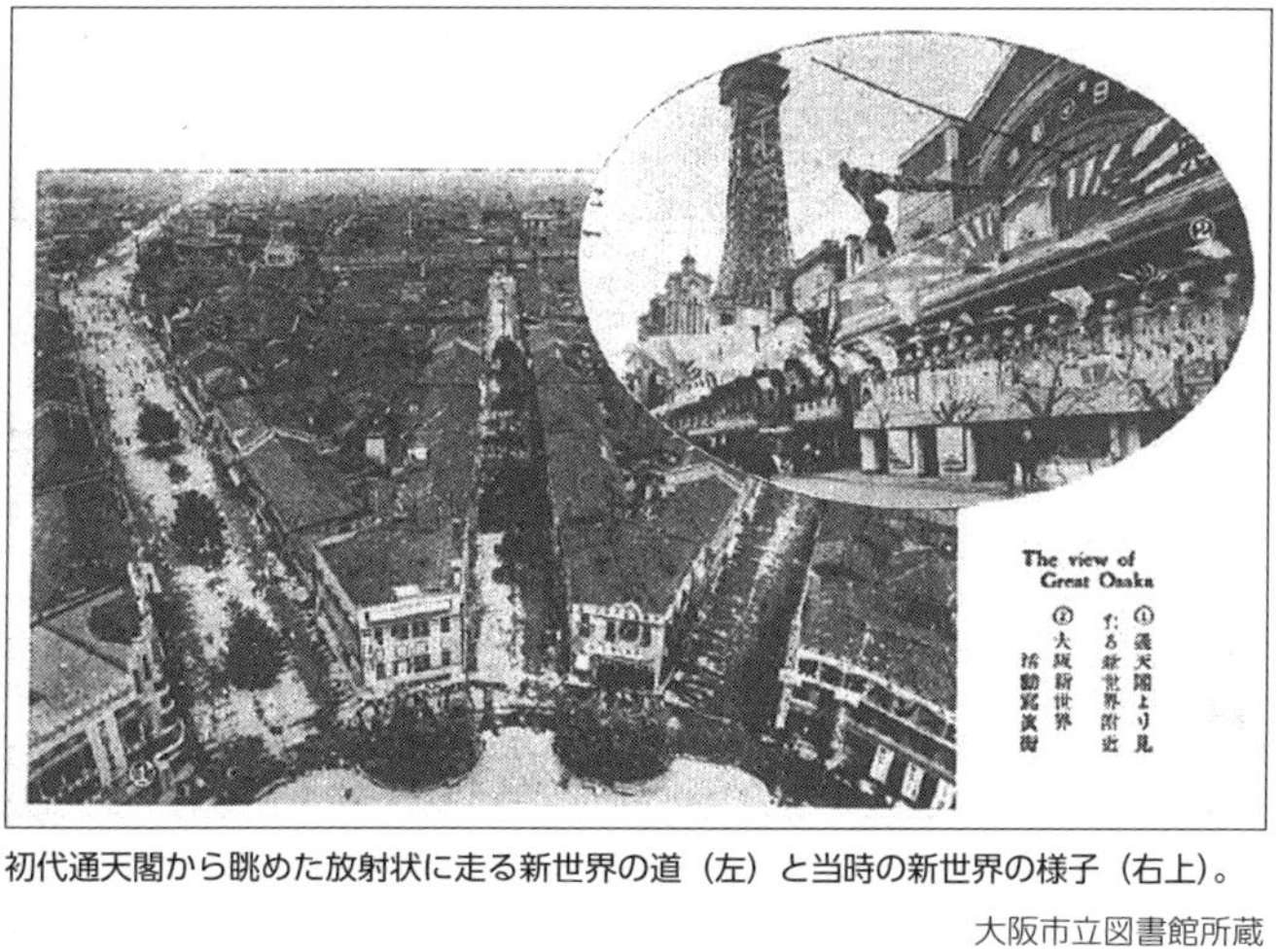

初代通天閣から眺めた放射状に走る新世界の道（左）と当時の新世界の様子（右上）。

大阪市立図書館所蔵

ようになっている。雪の予報は大阪ではめずらしく、雪を知らせるピンク色のネオンが灯ると話題になる。

2014（平成26）年10月から8か月間かけて、展望塔免震化工事に成功した通天閣。市道の真上で通行止めもできず、営業も続けながらの難工事であった。

トリビア……**ビリケンさん**◎5階の展望台には、足の裏を撫でると幸運が訪れると伝えられる神様「ビリケン像」が安置されている。「ルナパーク」が開業当時、世界的に流行していたビリケンの像を安置したのがはじまりである。ルナパークが閉園した時期を境に行方不明となっていたが、復元された。現在は三代目。

ルナパーク◎初代通天閣が建設されていた遊園地「ルナパーク」の名称は、通天閣3階の「ルナパークジオラマ」と「カフェ・ド・ルナパーク」に残されている。

サイズの関係で◎通天閣では、ユニークなイベントが長く続けられている。年の瀬に新旧干支の動物を引き合わせて対談（?）させる「干支の引き継ぎ式」は、開業年からの恒例行事だ。辰は、タツノオトシゴで代用している。

展望台に安置されている
ビリケン像。

3

庁舎は現代の天守閣か

新宿副都心のシンボル・東京都庁。

撮影：岡島梓

東京都庁

東京都新宿区／第一本庁舎　２４３メートル

●誕生

新宿副都心のシンボル

東京都庁の前身は、丸の内にあった。１９５７（昭和32）年に竣工した旧都庁舎は、入口からの開放的なピロティなど、デザイン的には高い評価を受けていたが、その分オフィスの天井が低くなったことも遠因となり、内部の評価は当初から相当低かったようだ。職員の移転を目的とした第二庁舎は、第一庁舎のデザイナーである丹下《たんげ》健三《けんぞう》に声がかからないまま建設されたほどだった。

ただ、低い内部評価を設計者に求めるのは不憫である。稼働時には、定員１６００名をはるかに超える２８００名の職員が入居。その後も東京都の職員は増え続けていたのだ。第二庁舎の建設に加え、第一庁舎の増設、その他ビルへの間借りによる部門の分散と、東京都庁の業務環境は著しく悪化していた。

早くも10年後には、淀橋浄水場跡地を利用した「新宿副都心計画」で売却されなかった都有地への都庁舎移転が検討されはじめたが、あくまで丸の内が東京の中心であるという声も根強く、移転決定までには17年の歳月を要した。

１９７９（昭和54）年に都知事に就任した鈴木《すずき》俊一《しゅんいち》は、新宿への都庁舎移転の強力な推進者であ

新宿副都心にそびえたつ東京都庁第一本庁舎。　撮影：岡島梓

り、1985（昭和60）年9月に都議会で〝東京都庁の位置を定める条例〟が可決され、移転が決定した。その翌年4月に、丹下健三の設計案がコンペで一等となる。

新庁舎は1990（平成2）年12月に完成。新宿副都心のシンボルとなる第一本庁舎、第二本庁舎、都議会議事堂の3棟からなり、東京都行政の中枢機能を担っている。スーパーストラクチャー方式を採用し、関東大震災クラスの2倍強の地震に対しても、建物に致命的な被害が発生しないよう設計されている。

丹下健三の軸

東京都庁舎は、丹下健三の後期代表作とされる。東京オリンピックで世界に丹下の名をとどろかせた、代々木国立屋内総合競技場（代々木第一・第二体育館）の設計以来ともいえる、東京都内での一大プロジェクトだった。彼は「東京計画一九六〇」という都市計画をたてた際も、広島市の「平和記念公園」の設計時も、軸を真っ直ぐ引くことからはじめた。平和記念公園では、平和記念資料館（旧原爆陳列館）から誘導路を軸線に左右対称な空間を配し、アーチ形の慰霊碑、そして延長線上に原爆ドームが視野に入る軸を設定したのだ。

彼にとって、都市設計に軸は欠かせない要素だった。東京都庁舎の設計でも、日本一高い垂直の軸、そして、新宿副都心にとどまらない、東京都を貫く主軸という2種類の軸を彼は見出した（主軸は「東京計画一九六〇」で示した、東京湾上の都市軸上にあたり、丹下の都市軸に対する思いが見え隠れする）。彼は、東京都を貫く主軸を「ツインタワーの間」という形で示そうとしたようだが、庁舎で働く立場からすると行き来が不便で非効率であるため、１棟の上層をツインに枝分かれさせるデザインとなった。それは、ゴシック建築の代表格、ノートルダム寺院を思わせた。

●見上げる

バブルの塔？

第一本庁舎は高さ２４３メートルで、完工時に東池袋のサンシャイン60を抜き、日本一の高さを誇った。その後、日本一の座を横浜ランドマークタワー［１９９３（平成５）年、約２９６メートル］に、東京一の座を六本木のミッドタウン・タワー［２００７（平成19）年、２４８メートル］に譲った。バブル経済の最中に計画された当時日本一の超高層ビルであり、「バベルの塔」をもじって「バブルの塔」と揶揄されることもある。

３棟合わせた建築費用は１５６９億円という巨額に上ったが、東京の観光名所の一つとして展望室を訪れる人は絶えない。近年、無料の展望室ということもあり、海外の観光客から人気を集め、夜間のエレベーターには行列ができることも多い。

丹下は、東京都庁舎の設計に並々ならぬ闘志を燃やし、東京のみならず、日本の代表的建築物にしようと考えていた。ファサード（建物の正面部分）は、大阪に残る豪農・吉村邸の天井見上図にある細長い格子状パターンを見つけて採用し、御影石貼りとした。日本的デザインを取り入れ、永劫その姿が保たれるよう、石造りとしたのだった。

ただ、複雑なデザインが災いし、3棟の年間メンテナンス費は約40億円と高額のため建て替えを検討されたこともある。空調やライフライン設備の老朽化も進み、現在は、都庁舎改修プロジェクトのもと、総事業費約762億円をかけ、改修を進めている。

●見下ろす

地上202メートルの南北展望室

第一本庁舎45階の展望台は「南展望室」と「北展望室」に分かれ、東京都心から富士山に至るまで、広々としたパノラマが楽しめる。また、新宿副都心エリアの高層ビルの林立する様子も楽しめる。東京スカイツリーや東京タワー、新宿パークタワー、東京オペラシティなどを望むことができることから、夜景の鑑賞が特に人気だ(夜景を鑑賞する場合は、23時まで開室する北展望室が利用できる)。入室料はいずれも無料で、国内外から多くの観光客を集める。

東京都庁の展望室、エレベーター前の行列。　撮影：岡島梓

●地域への影響

浄水場跡から伸びる超高層ビル

西新宿の現在を語るのに、1965（昭和40）年まで機能していた淀橋浄水場の存在を欠くことはできない。淀橋浄水場は、明治維新後の玉川上水・神田上水の水質悪化に対応するために設けられた浄水場であるが、1923（大正12）年の関東大震災により、山の手郊外への居住を求める人々の転居がはじまり、西新宿一帯は住宅地となった。広大な面積を占める浄水場の移転は、その頃から要望されていた。

いよいよ副都心構想が進展し、1960年代から本格的な開発がはじまった。

1971（昭和46）年、地上47階・地下3階建ての京王プラザホテルが西新宿超高層化のはじまりとなり、1994（平成

西新宿の高層ビル群（2005年撮影）。〔T〕

6）年、東京都庁舎と同じ丹下健三が設計した新宿パークタワーの竣工で、西新宿のスカイラインは一応の完成を見た。

トリビア……外装のこだわり◎要塞のような印象さえ与える、重厚な質感の東京都庁舎。外装には、耐久性の高い濃淡2種類の御影石が使われている。スウェーデンとスペインから持ち込まれた石は、イタリアで加工されてはるばる日本まで運ばれてきたそうだ。

北関東三県庁

茨城県庁舎　茨城県水戸市／116メートル
栃木県庁舎　栃木県宇都宮市／81・8メートル
群馬県庁舎　群馬県前橋市／153・8メートル

時に、テレビ番組でも取り上げられる茨城・栃木・群馬の「北関東三県のライバル意識」。長年「魅力度都道府県ランキング」でも〇〇争いを繰り広げる三県（ただ、栃木県は2015年の調査で35位と、40位以下の争いから抜け出した）。互いの存在を意識していないとはいいきれないようだ。そんな三県の代表的な高層建築といえば、県庁舎。各県庁舎について見ていこう。

●茨城県庁舎

県内1位の高さ

1999（平成11）年3月に竣工。県民が親しみ集う「公園の中にたつ県庁舎」の実現のために、水と緑の外構と、庁舎の一体的総合整備が行われている。高さは116メートルで、県内1位。

移転前の茨城県庁舎は茨城県三

緑に囲まれる茨城県庁舎。〔T〕

の丸庁舎、旧茨城県議会議事堂は茨城県立図書館として引き続き利用されている。県庁舎の敷地は、旧林木育種センター（森林総合研究所、現在は日立市）の跡地である。旧林木育種センターに存在した樹木を活用し、庁舎南側には緑地帯（県民広場）が整備されている。自然との共生と循環をコンセプトとし、地域の景観を継承している。11階から25階までの吹き抜け構造が見ものだ。最上階25階には展望ロビーが設置されていて、水戸市内や大洗方面を見渡すことができる。

●栃木県庁舎

栃木をアピール

2007（平成19）年竣工の新しい県庁舎。宇都宮市の中心市街地活性化の重要プロジェクトとして、旧庁舎敷地内での建て替えとなった。限られた敷地内での設計であり、更地にした上での高層化が必須であったが、旧庁舎の建築様式やイメージを踏まえた外観デザイン、旧庁舎の一部曳家《ひきや》保存、

県庁の歴史を継承する新しい栃木県庁舎。〔T〕

積極的な県産材の活用や県内工芸家とのコラボレーションなどを通じて、これまで培われてきた県庁の「歴史と環境」を継承し、次代につなぐことを意図して設計されている。大谷石の採掘場をモチーフにしたという大壁面がロビーの5層吹き抜けを飾る。その他にも、東照宮から新庁舎のために寄贈された並木杉も効果的に使われるなど、県のイメージがデザインに織り込まれている。

地上約65メートルの展望ロビーからは、間近の八幡山公園にたつ宇都宮タワーや日光連山をはじめとした県内の風景を、空気の澄んだ日には遠く富士山を望むこともできるそうだ。同じフロアには、県産食材を用いた料理を提供する展望レストランが設けられている。

栃木県庁舎より宇都宮タワーを望む。〔T〕

群馬県庁舎

高さへのこだわり

県庁舎一帯は、前橋城跡である。歴史は、明治維新後の廃藩置県にさかのぼる。前橋城の本丸をその後庁舎として使用したのがはじまりで、1928（昭和3）年、現在も残されている昭和庁舎が完成。1999（平成11）年までに新庁舎が完成した。元日に行われる「ニューイヤー駅伝」のスタートとゴール地点としてご存じの方もおられるだろう。

高さ153・8メートルの庁舎は、県内で最も高い建築物。県庁としても全国1位である。前年に高崎市庁舎が竣工しており、その高さは102・5メートルで県内第2位。前橋市と高崎市のライバル関係が働いた結果という意見もある。

32階の展望ホールまでは、外の見えるエレベーターで上がることができる。利根川、赤城山や榛名山《はるなさん》など多くの山々、関東平野を一望できる。こちらも、

前橋城跡にたつ群馬県庁舎。〔T〕

31階に県産食材を使用した群馬の伝統料理を提供するレストランがある。

●地域への影響

PR役と防災の拠点

県庁舎は、県のPR役としての機能を果たす。建物そのものに県産の素材を使用したり、県の自然をイメージしたデザインを行う以外にも、茨城県庁の県政シアターでは、県内各地の祭りの映像が上映され、県内の特産品の展示を行うなど、県の魅力アピールに余念がない。

また、各県庁とも、防災活動の拠点となる危機管理センターを備えている。高層の建物は耐震性に優れ、視認性の高さから県民に安心感を与えることができるのだ。

群馬県庁展望ホールより利根川、群馬大橋を望む。〔T〕

トリビア……**アンテナショップ**◎県庁の果たす「PR役」を、県を離れて担うのがアンテナショップ。茨城県は銀座一丁目、栃木県は押上の東京スカイツリータウン、群馬県は東銀座駅前と、立地ではケンカすることなくプロモーションを行っている。

神戸市役所本庁舎

兵庫県神戸市／132メートル

誕生

たち続けた新庁舎

日本を代表する港町であり、観光客も多く集める政令指定都市、神戸。1989（平成元）年8月、市会議事堂跡地に高さ132メートル、30階建ての神戸市役所本庁舎は落成した。バブル期まっただ中に建設された1号館は、当時の庁舎としては破格の高層建築であった。

しかし、新庁舎竣工から約5年半後、阪神・淡路大震災が神戸の街を襲った。橋脚の折れた高速道路、火の手が上がり、壊滅状態の市街地、破壊された港。信じがたい光景が広がる中、神戸市役所も無傷ではいられなかった。1号館竣工前の本庁舎であった8階建ての2号館は、6階部分が崩落し

落成以来、神戸を見守り続ける神戸市役所本庁舎。〔T〕

た。現在は5階建ての庁舎として、耐震補強をした上で使用されている。1号館の南側に広がる東遊園地（公園）では、今なお追悼行事が行われている。震災で壊滅的な打撃を受けた神戸の復興を先導し、見守り続けた建物が神戸市役所1号館ともいえそうだ。

●見上げる

市章を頂く

市制百周年を記念して建設された庁舎の塔頂部には、神戸市のマーク（市章）が飾られている。かつて扇港とも呼ばれていたことに加え、神戸の旧仮名遣い「カウベ」のカの図案化によって生まれたマークである。全体がガラスで覆われ、さわやかな印象の建物は、三ノ宮駅をはじめ、市内各地から視認することができる。ほかの高層ビルとは違い、頂部が三角形という独特の形状により、ランドマークやアイ・ストップとしての力を保っている。

1号館の24階には展望ロビーが備えられ、無料で神戸の市街地や六甲山、神戸港を一望できる。10時から15時までの間であれば、ボランティアのタウンガイドが、街並みや観光スポットなどについて、無料で案内してくれるそうだ。

庁舎の頂部に飾られた神戸市の市章。〔T〕

●見下ろす

南に望む港と交通インフラ

南北の展望ロビーのうち、港町らしい海景色を堪能できることから、南側が人気である。高層ビルや高速道路の明かりが灯る海側は、六甲アイランド、東遊園地やポートアイランド、神戸ハーバーランドが一望できる。この景色は、神戸市が高度経済成長期に行った埋め立て事業の結果である。ポートアイランドと六甲アイランドに代表される人工島は、市の後背部にある山から土砂を削り取り、ベルトコンベアで海へ運ぶことで造成された。削り取った山の跡は住宅地として開発され、「山、海へ行く」というキャッチコピーまで生まれた。

北に望む市街地とランドサイン

北側からは、三宮から北野にかけての街並み、六甲山系の山並みが見られる。港町神戸が、六甲山地と海に挟まれたごくわずかな範囲で輝きを放っているのかがよくわかる。そして、こちらの山側でぜひ見ていただきたいのが、六甲連山のランドサインだ。左から錨山《いかりやま》の山肌には「錨《いかり》」、市章《ししょう》山《ざん》には「市章（神戸市のマーク）」、堂徳山《どうとくやま》には時間によって入れ替わる「北前船」や「KOBE」というランドサインが、日没30分前から点灯される。いずれも、港町神戸の象徴として、市民に親しまれ、「錨」は、神戸市民にとって特別な日や祝日にはブルーに点灯されることから、今まで紹介したタワーのライトアップ同様、ミーニングを有している。

錨山の「錨」は、明治天皇行幸の観艦式の際、神戸市民が錨型に並んで日章旗を振って歓迎し、大変喜ばれたことを記念して松を植樹したことにはじまる。神戸ポートアイランド博覧会を機に、電飾と自然エネルギーによる発電装置が導入された。市章山の「市章」も、1907（明治40）年に神戸港築港竣工記念として、市章の形に松が植えられたことがはじまりだ。堂徳山の電飾は、神戸市役所本庁舎同様、市制百周年記念に点灯された。

人々は、暗く困難なときに灯りを求める。阪神・淡路大震災の発生後、かつて百万ドルの夜景と評された美しい神戸の街は、送電不能で真っ暗な夜を迎えた。しかし、ランドサイン「錨」と「市章」は自然エネルギーによる発電装置を備えていたことから、夜になると、震災前と同様に光を灯した。これらは被災地に灯った希望の光として、今なお語り継がれている。

六甲連山のランドサイン。錨（左）と市章（右）。〔T〕

●地域への影響

花時計発祥の地

神戸市役所の最寄駅は、市営地下鉄「海岸線三宮・花時計駅」だ。駅名にも採用されるほど、神戸市のランドマークとして認知されているのが、市役所北側の花時計である。タワーが持つ、地域の象徴性と同じ役割を担っている花時計は、１９５７（昭和32）年に日本ではじめてつくられた。神戸市長宮崎辰雄《みやざきたつお》の発案による花時計は、海外視察で訪れたスイス、ジュネーブの花時計をモデルにつくられた。季節やイベントによってモチーフが変更され、市民や観光客の目を楽しませている。市役所横の大通りは「フラワーロード」と愛称がつけられ、花時計の影響が感じられる。

市役所北側の花時計。〔T〕

4 コンベンションセンターのシンボルタワー

朱鷺《とき》メッセの中核施設、万代島《ばんだいじま》ビル。

朱鷺《とき》メッセ「万代島《ばんだいじま》ビル」

新潟県新潟市／140・5メートル

誕生

朱鷺《とき》メッセの中核施設万代島《ばんだいじま》ビルは、2003（平成15）年に開業した超高層ビル。信濃川河口に近い、新潟西港の一角を占める朱鷺メッセは、新潟市の再開発事業として建設されたコンベンション施設の愛称である。新潟港は、江戸時代には北前船が行き交い、明治維新直前には日米修好通商条約によって開港5港の一つとなるなど、日本海側の交易拠点として栄えてきた。地方中核都市に多く見られる大型コンベンション施設であるが、新潟市もその歴史的資源、自然資源、食資源など多くの観光要素を備える都市であり、多数のビジネスマンや学術関係者を呼び込む同施設の建設は自然な流れだったといえる。

朱鷺メッセ全体は船をイメージさせ、垂直にたち上がる万代島ビルを中心に、万代島のシンボルとなっている。

見上げる

本州日本海側ナンバー1の高さ

万代島ビルは地上31階建て、高さ140・5メートルで本州日本海側では最も高い建物だ。展望

信濃川に面してたつ万代島ビル。〔T〕

室には、スカイラウンジ「PANORAMA」が備えられ、食事を楽しむこともできる。万代島ビルを含んだコンベンションセンターのデザインは、槇文彦《まきふみひこ》氏が代表を務める槇総合計画事務所が担当した。雄大な信濃川と日本海に沿うように、のびやかに広がるセンターの中、万代島ビルは、垂直の高さを際立たせるように装飾が徹底的に排除され、ガラスを多用することで透明感を感じさせる。

●見下ろす

港町新潟と雄大な日本海を昼夜味わう

万代島ビルの展望室は、米どころ新潟を代表する企業、栗山米菓がネーミングライツを取得し、２００９（平成21）年12月より「Befcoばかうけ展望室」と称され、無料開放されている。「Befco」とは、Beika Frontier

万代島ビル展望室より佐渡汽船乗り場、信濃川河口方面を望む。〔T〕

Company の頭文字をとった、コーポレートブランド名である。展望室の高さは地上約125メートル。日本海、佐渡島《さど(が)しま》、五頭《ごず》連峰など豊かな自然を一望のもとにできる。また、市内を流れる信濃川の雄大さは格別だ。日本海対岸貿易の拠点として栄えた市街地の様子も見ることができる。足元には漁船が出入りし、新潟西港を佐渡汽船、新日本海フェリーなど多くの客船が行き交うのも、港町らしい情緒あふれる光景だ。

　また、夕方には日本海へ落ちゆく太陽、夜には、信濃川にかかるアーチ橋、万代橋のライトアップや日本海に浮かぶ漁火も目にする機会があり、新潟独自の夜景を楽しめることから、日本夜景遺産に選定されている。

万代島ビル展望室より古町《ふるまち》方面を望む。〔T〕

地域への影響

トキの暮らす島、佐渡を望む

愛称「朱鷺メッセ」と、翼を広げるトキの姿がモチーフのシンボルマークは、一般公募によって２００１（平成13）年９月に制定された。乱獲や開発で野生絶滅し、その後佐渡島での人工繁殖に成功したトキは、佐渡市の市の鳥、新潟県の県鳥に指定されている。トキの学名は「ニッポニア・ニッポン」であり、日本の象徴的な鳥でもあることから、世界に開かれたコンベンションセンターとしてふさわしい名称である。

展望室から佐渡島を望むことができるだけでなく、朱鷺メッセからは、連絡通路で佐渡汽船が発着する新潟港と行き来ができる。

トリビア……チャレンジ精神も入社式も高く◎万代島ビル展望室のネーミングライツを取得している栗山米菓。全国区の人気を誇る「ばかうけ」が主力商品で、県内で「新潟せんべい王国」という体験型パークも運営するユニークな企業だ。ちなみに、栗山米菓の入社式は「Befcoばかうけ展望室」で行われている。

アクトシティ浜松「アクトタワー」

静岡県浜松市／212メートル

誕生

ＪＲ浜松駅と直結する複合施設アクトシティ浜松の象徴、アクトタワーは、地上45階、高さ212メートルの超高層ビル。タワー内には、ホテルやオフィス、ホールが入居している。アクトシティの「アクト（ACT）」とは、芸術文化の「A」、国際コンベンションシティとしての「C」、先端技術のテクノポリス構想の「T」から命名された。

アクトシティ浜松の開発は、楽器の街（工業都市）から音楽の街（文化都市）への変革をめざす市の文化政策と、駅周辺への人口回帰をめざす都市政策の一環として計画された。現在は、政令指定都市として80万人超の人口を抱える浜松市も、当時は55万人ほどの中核市。アクトシティ浜松内に、当時東海地方第一の超高層ビルを建設できたのは、開発がバブル期と重なっていたからにほかならない。

しかし、1994（平成6）年の完成時にはすでにバブルは崩壊していた。駅周辺の再開発事業は停滞し、アクトタワーの稼働率も低迷。その後、近年の都心回帰の動きで駅周辺の人口増、政令指定都市制定後のオフィス入居率上昇により、状況は改善しているようだ。

アクトシティ浜松は、当初の目標通り「音楽の街 浜松」の中核として存在感を保っている。日本初の4面舞台を備え、オペラや歌舞伎の上演も可能な大ホール、パイプオルガンを配し、優れた音響を誇る中ホールは、浜松国際ピアノコンクールなどの国際コンクールの会場としても使用されている。また、公立では全国初の楽器専門の博物館「楽器博物館」、音楽の人材育成を図る「アクトシティ音楽院」を有し、音楽の街のアピールに努めている。

見上げる

ハーモニカの形?

アクトタワーは音楽の街をイメージさせる、ハーモニカをモチーフにした外観が特徴。浜松市は「遠州のからっ風」と称されるほど風の強い地域であるため、タワーの最上階にはアクティブ制振装置が設置され、振動を低減させている。屋上には防災用のヘリポートや浜松市消防局の火災監視用カメラ、テレ

アクトシティ浜松の複合商業ビル「アクトタワー」。〔T〕

展望回廊へ続くエレベーター部分が、ハーモニカのマウスピース（穴）のようにも見える。〔T〕

ビ局のお天気カメラが設置され、地域住民の生活に密着した役割を果たしている。

　くびれ部分の上側にはオークラアクトシティホテル浜松が入居している。浜松市は、訪日外国人が東京・大阪や富士山を巡る〝ゴールデンルート〟の中間に位置することから、外国人宿泊者数が伸びているそうだ。

●見下ろす

政令指定都市浜松と遠州の自然

45階、地上185メートルにある展望回廊からは、ぐるりと浜松市を一望でき、遠洲灘の水平線や南アルプスの山々が眺められる。近くに目を移すと、浜松城や浜松城公園の緑が美しい。東海道本線・新幹線の線路がほぼ直線に見渡せることから、鉄道ファンからも親しまれ、駅前のロータリーを中心に華やかな夜景が楽しめる。ただ、営業時間が18時までと短めで、結婚式などの予定次第で営業時間がまちまち。通常営業でも、夜景は日没が早まる秋から冬にかけてしか鑑賞できない。

●地域への影響

ベンチャースピリットが根付く浜松

浜松といえば、日本初の技術や製品をつくり出す街。有名なところでは、本田技研工業が日本初の国産オートバイを、スズキが日本初の軽自動車を、ヤマハが日本初の国産ピアノをつくりあげた。浜松を中心とした静岡県西部の方言には「やってやろう」という意味を持つ「やらまいか」という言葉がある。「やらまいか」に凝縮される浜松のベンチャー精神は浜松市の発展を支え、街づくりにも大きく寄与した。建設当時、東海一であったアクトタワーの高さは、高い技術力で世界に打って出る企業を生んだ、浜松のプライドを大いにくすぐったのではないだろうか。

トリビア……タワーと城◎静岡県一はもちろん、東海エリアでも上位の高さを誇るアクトタワーであるが、浜松市内の最高点は標高539メートル地点にある山城「光明城《こうみょうじょう》」のてっぺん。浜松市には16もの城跡があり、政令指定都市の中でもトップ。アクトタワーから見下ろせる浜松城［1958（昭和33）年天守閣再建］は、徳川家康の築城以来、多くの城主が要職に登用される「出世城」として名を馳せた。浜松の歴史を景観から感じることができる。

海峡メッセ下関「海峡ゆめタワー」

山口県下関市／153メートル

●誕生

関門海峡のランドマーク

1996（平成8）年、高さ153メートルと西日本有数の高さの海峡ゆめタワーが誕生した。その名の通り、関門海峡のランドマークとしてそびえたっている。3層からなる球状の展望室の最上階は143メートルで、瀬戸内海、関門海峡、門司《もじ》港、巌流島《がんりゅうじま》、壇ノ浦と、歴史の舞台として高名な地を一望のもとにできる。展望室には、弥生時代から現在までの歴史がパネルで解説され「壇ノ浦の戦い」や「巌流島の決闘」など、眼下の景色と比べながら、歴史に思いを馳せることができる。JR下関駅からは徒歩7分と便利な立地も魅力の一つだ。竣工から10年後の2006（平成18）年には、韓国の釜山《プサン》タワーとの姉妹提携を締結した。

海峡メッセ下関

海峡ゆめタワーは、コンベンション施設「海峡メッセ下関」のシンボルタワーとして建設が進められた。地方中核都市の再開発事業でたびたび登場する〝コンベンション施設〟とは、展示会や会議を行う複合施設のことであり、施設が活発に利用されるためには、設備の充実度はもちろん、周辺環境の魅力の高さやアクセス性が問われる。

　三方が海という下関は、古くから水産都市として栄えるだけでなく、日本海と瀬戸内海を結ぶ要所として歴史的に重要な役割を果たしてきた。平家と源氏最後の合戦「壇ノ浦の合戦」、日本が近代化へと舵を切るきっかけとなる「馬関《ばかん》戦争」の舞台となるなど、歴史的名所が点在しており、魅力は十分。会議の前後に観光（視察⁉）を堪能することができる。

　また、本州最西端というその立地から、中国・韓国をはじめとしたアジア諸国との貿易拠点としての歴史も深く、現在も、韓国の釜山、中国の青島《チンタオ》・蘇州《スーチョウ》をつなぐ国際フェリーターミナルを有し

海峡メッセ下関。左から国際貿易ビル、海峡ゆめタワー、アリーナ。

提供：海峡メッセ下関

ている。そして、海外のみならず、本州と九州を結ぶ交通の要所として、その高いアクセス性が評価を受けているようだ。

施設内の海峡ゆめタワーは灯台、下関駅側が鋭くとがった「国際貿易ビル」は船、かまぼこ状の屋根をしたアリーナは島の形をイメージして設計されており、下関が海洋交流地点であることを視覚的に示そうと試みられている。

見上げる

個性的な球形展望室とライトアップ

4つの柱が球体を支えているような形状が特徴的で、球形の展望室は直径21メートルの総ガラス張り。タワー全体も8700枚という大量のガラスに覆われ、海景色を映しこんで輝く。611灯のライトを使用したこだわりのライトアップは、4月から9月は寒色を使って涼しげに、10月から3月は暖色を使って温かみを演出している。曜日ごと、また一日の中でも毎正時にも色を変化させるなど、交流都市らしい豊かなバリエーションで、下関の灯台を夜空に浮かび上がらせている。

海峡ゆめタワーの球形展望室。〔T〕

●見下ろす

交流拠点の関門海峡

タワーから一望できる関門海峡は、古くから国内外の交通拠点であり、現在も一日約700隻の船が海峡を通過する。眼下の下関港は、韓国や中国などアジア諸国との貿易港として、また国際フェリーの発着場として名高い。タワーの展望台は、行き交う船のビューポイントとしても知られている。

近くには地元漁師が直販するふく（ふぐ）の市場、唐戸《からと》市場があり、休日ともなれば多くの観光客で賑わう。

6つのルート

本州と九州を結ぶ位置にある下関市。対岸の北九州市とは6つものルートで結ばれている。このうち、タワーから望めるのは関門連絡船、関門橋

海峡ゆめタワーより関門橋を望む。〔T〕

の2ルートだ。それ以外にも、海中には関門鉄道トンネル、人道と車道に分かれた関門国道トンネル、新幹線の通る新関門トンネルが敷設され、人々の往来、物流が円滑に行われている。

歴史上の舞台

下関はしばしば、日本の歴史上重要な出来事の舞台として登場する。まず、平安末期の「壇ノ浦の戦い」は、その後続く武士の時代の幕開けとなり、尊皇攘夷を掲げていた長州藩が外国商船へ行った砲撃に端を発する「馬関戦争」は、明治維新へと日本が大きく舵を切る出来事だった。1895(明治28)年、日清戦争の講和会議は下関の割烹旅館「春帆楼《しゅんぱんろう》」で行われ、下関条約による莫大な賠償金は、日本の富国強兵策に大きく寄与した。

また、タワーから見える人気スポットとして巌

海峡ゆめタワーよりフェリーターミナル、下関駅方面を望む。〔T〕

流島が挙げられる。1612(慶長17)年に、剣豪宮本武蔵と佐々木小次郎の決闘の舞台となった島だ。巌流島の決闘四百周年を迎えた2012(平成24)年には、展望室でダウンロードできるiPhone専用アプリの提供が開始された。巌流島をバックに、武蔵と小次郎の決闘再現ゲームや歴史解説が楽しめるそうで、今なお高い武蔵人気をうかがわせる。

関門国道トンネル人道。〔T〕

唐戸市場。〔T〕

地域への影響

下関市のアイ・スポット

JR下関駅から続く道の正面に位置し、下関のランドマークとして認識されている海峡ゆめタワー。灯台をイメージしたという通り、対岸の門司港や関門橋、船からの視認性も高い。豊富な歴史を物語る施設、魚市場、下関港、関門海峡……。下関を下関たらしめる要素を一望のもとにできる施設は貴重な存在だ。

5 海や街を見渡すタワー

海を見渡す江の島シーキャンドル。〔T〕

いわきマリンタワー

福島県いわき市／59・99メートル

誕生

映画『フラガール』の舞台となった、福島県いわき市。温暖な気候と豊かな自然から「東北の湘南」という呼称も生まれるほど、観光都市として名高い地域である。そのいわき市南部に位置する国際港、小名浜《おなはま》港を見守るようにたっているのがいわきマリンタワーだ。「海と空と緑の対話」をテーマに据えた観光の目玉として、また、市制施行二十周年と都市公園法三十周年を記念して建設された。1985（昭和60）年に開業したタワーの高さは、59・99メートル。1センチメートル単位で細かく公表されているのは、「高さ60メートル以上の構造物は赤もしくは黄赤（インターナショナルオレンジ）と白に塗り分けるか、航空障害灯を設置すること」と定める航空法に抵触しないため。スマートな印象のタワーが赤白に塗り分けられていたとすると……わずか1センチメートルがもたらしたデザイン的価値は、相当大きいといえそうだ。

小名浜港といわきマリンタワー。〔T〕

●見上げる

ツートンカラーの美

展望台付近は逆三角形になっており、青く見えるガラスに囲まれている。くびれ部分から下の白い塔体とのツートンカラーが美しい。タワー自体がライトアップされることもあり、下部と上部の

いわきの海景色を見渡すようにたついわきマリンタワー。〔T〕

コントラストが際立って、見ごたえは抜群。タワーの設計を手掛けたのは、坪井《つぼい》善勝《よしかつ》研究室。丹下健三作品の構造設計の多くを担った構造デザイナー、坪井氏の事務所である。

見下ろす

スカイデッキで潮風を感じる

全高はさほど高くはないものの、高台に建てられていることから海抜106メートルからの展望を楽しめる。屋外のスカイデッキがあり、潮風に吹かれながら、複雑な海岸線を誇る小名浜の海景色を堪能できる。周囲にさえぎるものもなく、太平洋と小名浜港、いわき市内や阿武隈山系の山々が360度に渡って目を楽しませてくれる。真下に広がる三崎公園には、海をイメージさせる植栽アートがほどこされ、タワーからの眺めにさらなる花を添えてくれる。

いわきマリンタワーから小名浜港を望む。〔T〕

地域への影響

炭鉱からハワイへ。観光都市いわき

いわきマリンタワーが見守る小名浜港は、江戸時代中期に港の基礎が築かれ、明治時代に最盛期を迎えた。日本が富国強兵へと突き進む中、関東に最も近い常磐炭鉱が開発され、石炭の輸送基地として栄えたのだった。

しかし、1960年代には石油にエネルギー源が移り変わり、炭鉱は斜陽の時代を迎えた。掘削を続けながらも、常磐興産は観光業へ方向転換することで難局を乗り切ろうとした。炭鉱から湧き出る温泉を利用して1966（昭和41）年「常磐ハワイアンセンター（現・スパリゾートハワイアンズ）」をオープン。当時、人気ナンバーワンの旅行先だったハワイも、まだまだ海外旅行が高嶺の花という時代。もくろみは大いに当たり、地方の大型レジャー施設としては破格の成功を収めた。

三崎公園の植栽アート。タコやイルカが描かれている。〔T〕

オープン後も石油危機やバブル崩壊、東日本大震災と苦難が続いたが、震災復興への願いを込め「フラガール全国きずなキャラバン」で全国を巡ったフラガールを核に、復活を果たした。その他にも水族館「アクアマリンふくしま」やいわき湯本温泉など多くの観光資源を有し、観光交流人口は県内トップであるいわき市。いわきマリンタワーは、観光都市として発展を続けたいわき市において、海岸部のシンボルであるといえよう。

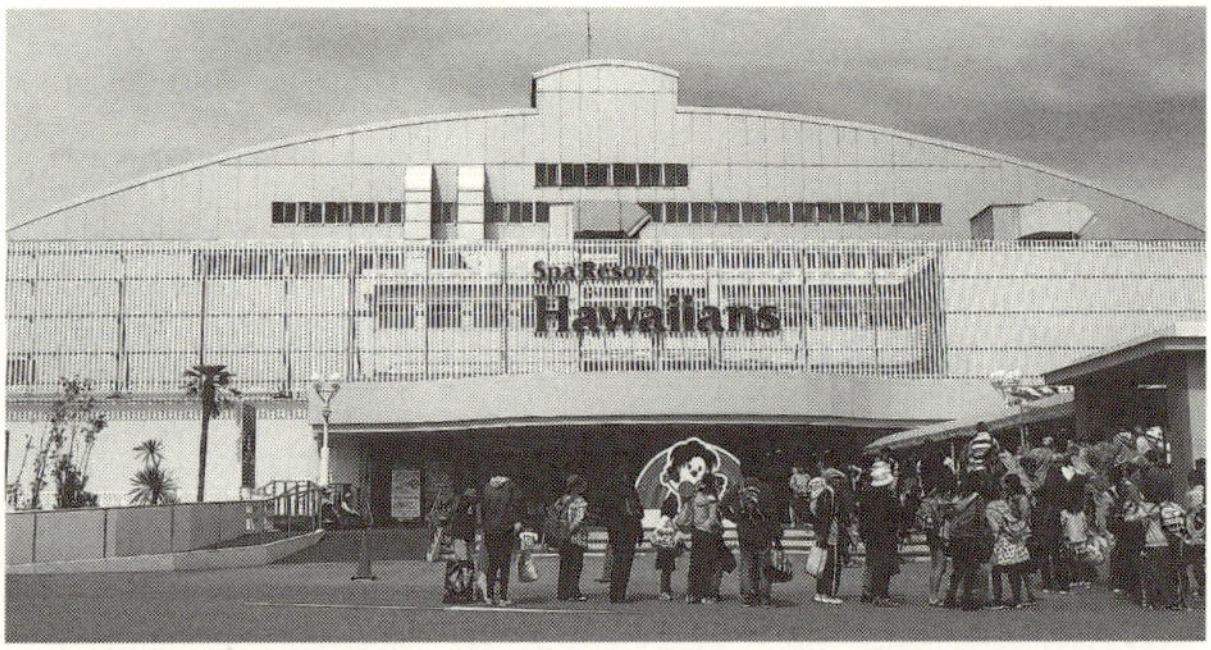

ショーも豊富なスパリゾートハワイアンズ。〔T〕

ガラスのドームが美しいアクアマリンふくしま。〔T〕

銚子ポートタワー

千葉県銚子市／57・7メートル

●誕生

「1日中海を見ていたい」というキャッチコピーが印象的な銚子ポートタワーは、1991（平成3）年に開業。千葉県の「ふるさと千葉5か年計画」の一環として、建設された観光部門施設である。1650万年前の地層、夫婦《めど》ヶ《が》鼻《はな》層をまたぐ空中連絡橋で「シーフードレストランうおっせ」と水産物即売センターにつながっており、全体で「ウオッセ21」という観光拠点を構成している。

2015（平成27）年まで5年連続日本一という、日本屈指の水揚げ量を誇る銚子漁港を眼下に収めることができる、銚子港のシンボルタワーだ。

●見上げる

2本足のタワー

ハーフミラーガラスで覆われたツインタワー構造のタワーは、高さ57・7メートル。銚子ポートタワーがたつ「ウオッセ21」のホームページは「高さは飛び抜けて高くはありませんが」と謙遜しているが、ほかに高い建物がなく、個性的な形状は目を惹く。シースルーエレベーターで上る展望台部分は八角形で、360度の眺望が確保されている。4階には展望室と喫茶スペース「カフェ・ド・マンボウ」があり、ゆっくりと景色を楽しむことができる。

銚子沖ではイルカやクジラウォッチングが盛んで、マンボウにも出会えることから、タワーのキャラクターはマンボウ。しかし、カフェの名前になっている以外は控えめなアピールにとどまっている。2016（平成28）年2月から、展望室の夜間点灯も行われ、灯りが少ない港町にあってよく目立つ存在だ。

総ガラス張りでツインタワー構造の銚子ポートタワー。〔T〕

見下ろす

豊かな自然と港の賑わい

なんといっても見どころは、広大な太平洋と空が織りなす水平線。地球が丸いのだと実感できる雄大な景色だ。眼下の銚子漁港で行われる水揚げ風景やセリ、漁船の航行も眺めることができる。

利根川が太平洋へと流れ出す河口部分が近く、天気や潮汐の具合によっては海から川へ水が逆流する様子なども観察することができる。その他、初日の出の観賞会や、銚子みなとまつりの花火を見るというイベントも行われている。タワー建設地は、船舶との連絡を担った日本初の無線電信局、銚子無線電信局があった場所でもあり、歴史的な見どころも豊富だ。

地域への影響

太平洋を見渡す

銚子市には銚子ポートタワーのほかに地球の丸く見え

銚子ポートタワーから利根川河口付近を望む。　提供：一般社団法人銚子市観光協会

る丘展望館という、個性的な名称の展望施設が存在する。夕景が特に有名で、閉館時間も日没に合わせて調整されている。こちらからは1874（明治7）年に完成した犬吠埼《いぬぼうさき》灯台の姿も眺めることができる。両施設に入館できる割引チケットも用意されており、銚子が誇る海景色を堪能できる場所として認知されているようだ。

犬吠埼灯台。〔T〕

地球の丸く見える丘展望館。　提供：一般社団法人銚子市観光協会

千葉ポートタワー

千葉県千葉市／125.2メートル

誕生

貨物取扱量が全国第2位の国際港である千葉港。1位は名古屋港、3位は横浜港（2013年）と聞くと意外な気がしてしまうが、港町としてのイメージを確立している横浜港の取扱量を大きく上回っている。

千葉ポートタワーは、そんな歯がゆい思いがあったかなかったか、千葉港発祥の地で着工された。千葉県民が500万人を突破したことを記念し、1986（昭和61）年6月15日、千葉県民の日にオープン。企業向けの港湾施設として発展し、日本の輸出入を支えてきた京葉工業地域の要である千葉港を一望することができる。周辺は、市民向けの大型公園施設「千葉ポートパーク」に囲まれている。

千葉ポートタワーの特徴として挙げられるのは、日本ではじめて採用されたダイナミックダンパーという動吸振器が最上階に設置されていること。現在、台湾の超高層ビル、台北101にも設置されているもので、風の影響を大きく受けやすい超高層の制振装置として使われている。1階のポートショップには千葉県内の土産物を揃え、千葉県アピールの場ともなっている。

●見上げる

千葉港の顔

千葉ポートタワーを真横に切るとひし形をしており、見る方向によって印象ががらりと変わる。鋭角側から見ると、とてもシャープな印象だ。塔体の高さは125・2メートル、1階から屋上までの非常階段は596段ある。展望フロア最上階は113メートルで、ガラス張り3層の展望フロアから景色を楽しむことができる。展望フロアを除くタワーの全面がハーフミラーで覆われているのだが、その数は5571枚。1枚の大きさは横1375ミリメートル×縦875ミリメートルもあるそうだ。海辺の強い日差しをさえぎり、ハーフミラー独特の景色の映り込みが美しい。特に、晴天の日はタワーが青空に溶け込むようで、流れゆく雲で表情が変わる。

千葉港を見渡す千葉ポートタワー。　提供：千葉ポートタワー

見下ろす

京葉の景色を一望

千葉県を代表する風景から、東京湾、東京方面の風景を眺めることができる。日本最大級のコンベンション施設である幕張メッセや千葉ロッテマリーンズのホームグラウンドなどの幕張新都心エリア、稲毛の浜、ＪＦＥ東日本製鉄所の工場やコンテナターミナルを有する京葉工業地帯を一望。晴天時は千葉県木更津市と神奈川県川崎市を結ぶ東京湾アクアラインや海ほたる、富士山まで見通すことができ、高層ビル群や東京タワー、東京スカイツリーなど、東京の景色も見える。

地域への影響

千葉港をもっと身近に！

千葉港は、前述の通り全国有数の国際港であ

千葉ポートタワーから工業地帯を望む。　提供：千葉ポートタワー

るが、企業専用岸壁を整備して発展した工業港であることから歴史も浅く、市民の関心を集めることが難しかったようだ。そうした中、千葉県が千葉ポートタワーと千葉ポートパークを整備したことは、千葉港に親しみを感じてもらうための試みとしてとらえられる。

トリビア……クリスマスイルミネーション◎千葉ポートタワーが最も注目を集めるのが、毎年11月中旬から12月下旬。「千葉ポートタワーC《シー》サイドクリスマス」と銘打ったイルミネーションイベントが行われ、壁面を使った電飾のクリスマスツリーが出現するのだ。約3500球の電球で飾られた高さ100メートル、幅30メートルのクリスマスツリーは、千葉港のアイ・ストップだ。

横浜マリンタワー

神奈川県横浜市／１０６メートル

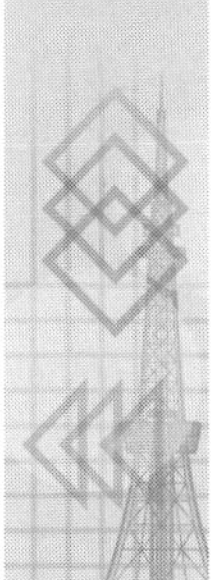

●誕生

横浜マリンタワーは、横浜港のメモリアルイヤーによってその存在を左右される運命にあるようだ。１９５８（昭和33）年、横浜開港百周年の記念事業の一環として建設が計画され、１９６１（昭和36）年1月に開業。展望台のほかに、レストハウスや海洋科学博物館が設けられ、一躍人気施設となった。しかし、みなとみらい21地区の隆盛に置き去りにされたかのように入場者が減少。２００６（平成18）年のクリスマスに営業を中止した。解体もささやかれる中、多くの市民からの要望に応える形で横浜市が再整備を決定。２００９（平成21）年、横浜港開港百五十周年の年にリニューアルオープンを遂げ、見事復活を果たした。現在は、結婚式も行えるイベントスペースとして親しまれている。

横浜マリンタワー最大の特徴は、灯台を思わせるデザインのみならず、最上部に本当に灯台としての機能を備えていたこと。かつては「世界一高い灯台」として、ギネスブックにも掲載されていた。しかし、高額な改修費や必要性の低下により、灯台としての機能は２００８（平成20）年に廃止。現在は、展望台、レストランを中心とした施設となっている。

●見上げる

お色直しは2回

オープン当初は、東京タワーや神戸ポートタワー同様、航空法の関係から赤と白で塗り分けられていた。１９８９（平成元）年に開催された「横浜博覧会（YES'89）」をきっかけに、空に向けて白から赤へと変化するグラデーションにペイント。さらに、横浜開港百五十周年を迎えた２００９（平成21）年には、現在のシルバーとなって復活した。横浜のスマートなイメージにふさわしいという意見が多いようだが、思い出のカラーを懐かしむ方もいるようだ。タワーといえば四角形が多かった中で、十角形でどこから見ても同じ形に見えるデザインは当時から個性を放っていた。

●見下ろす

変わりゆく横浜と変わらない氷川丸

横浜マリンタワーは、高さ１０６メートル、展望フロアは高さ94メートルに位置している。地上からさほど離れていない絶妙な距離感で、横浜の景色をつぶさに見ることができる。また、みなとみらい21地区から少し離れていることから、横浜ランドマークタワーや赤レンガ倉庫など、近年特に変化を遂げたエリアの全景を収めることができる貴重なスポットだ。その他にも、横浜ベイブリッジや元町商店街、山下公園など、横浜の象徴的な風景を眺められる。夜は特に人気が高く、行き交う車や港を発着する客船など、横浜らしい光のページェントが楽しめる。

港町・横浜の景色を見渡す横浜マリンタワー。　撮影：岡島梓

タワーから見えるものとして忘れてはならないのが、長年、横浜のランドマークで在り続ける氷川丸である。戦前から唯一現存する日本の貨客船は、山下公園先に係留されている。1972（昭和47）年に「氷川丸マリンタワー株式会社」が発足して以来、長らく横浜港の二大シンボルを一手に運営してきたが、マリンタワーとともに氷川丸も営業を終了。現在は、日本郵船が管理し、2016（平成28）年中には国の重要文化財として指定される見込みだ。マリンタワーと氷川丸は、これからも横浜の変化を見守り続ける。

●地域への影響

存続を望む地元の声

2006（平成18）年に営業が中止された際には、解体も検討されていた横浜マリンタワー。しかし、厳しい財政状況であった横浜市が買い取り

横浜マリンタワーより山下公園、氷川丸を望む。　撮影：岡島梓

を決断した。多くの市民の思い出が詰まった、港横浜の象徴であるという認識が、揺るぎないものであった証拠といえる。

トリビア……タワーは広告塔◎高度経済成長期にファミリー路線をめざしたトヨタ自動車は、横浜マリンタワーに大ネオンを設置した。タワーが文字通り広告塔として重要視されていたことがわかる。

江の島シーキャンドル

神奈川県藤沢市／59・8メートル（避雷針）

誕生

湘南の一大観光地、江の島にたつ江の島シーキャンドル。高さは59・8メートル、屋内の展望フロアの高さは41・7メートルと、本書で紹介するタワーの中では小ぶりだが、江の島は、頂上まで数百段の階段を上る高低差があり、海抜からは101・5メートルの高さから眺望を楽しむことができる。2003（平成15）年4月、旧江の島展望灯台を運営していた江ノ島電鉄が、江ノ電開業百周年事業の一環としてオープンさせた。屋上の展望デッキはオープンエアで、海風を感じられる貴重な展望施設として人気が高い。

タワーの足元では、タワー開業と合わせて、江の島植物園が江の島サムエル・コッキング苑としてリニューアルオープン。かつて、日本で3番目に古い植物園を建造した明治時代の英国人貿易商サムエル・コッキングから名付けた植物園には、今も四季折々の花々が咲き誇っている。

見上げる

キャンドル型の灯台タワー

展望タワーとしての機能以外に、旧江の島展望灯台から灯台としての機能も引き継いでいる。民間としては国内最大級の航路標識機能を誇る灯台である。特徴的な逆円錐型の外観は、多数の携帯電話のアンテナを塔のシルエット内に収められるという利点を持つほか、周辺に影を落としにくい形状で、植物の生育をさまたげにくいデザインとなっている。その独特な形状をよく表した名称は、２０１０（平成22）年に公募で決定された。

灯台タワーとして、湘南の海を見守る江の島シーキャンドル。〔T〕

100パーセント自然エネルギーのライトアップ

エコにこだわった江の島シーキャンドルは、2009（平成21）年、高出力LED投光器を採用し、以前より60パーセントの消費電力を削減。その電力は、タワー下南側の斜面に設置された太陽光発電システムですべて賄われている。LEDへの変更で色彩のバリエーションが増え、四季のテーマカラーに沿って、年4回ライトアップが変更。イベント時には限定色のライトアップが見られ、音楽と連動するライトショーも行われている。

●見下ろす

自慢の夕日を追う

人気の高い時間帯は、海辺のタワーではおなじみの夕景。江の島シーキャンドルからは、夕日が伊豆半島方面に沈むまでの間、刻々と変化する海景色を楽しむことができる。ホームページには日没の時間まで丁寧に記載されており、その自信のほどがうかがえる。空気の澄む冬場は、富士山も遠く眺められるそうだ。

塔体のみならず、展望デッキの床もほのかにライトアップされるなど、雰囲気のよいデートスポットとして親しまれ、2010（平成22）年には、「日本夜景遺産」に認定されている。一周すると、伊豆半島や箱根、丹沢の山々、南側に大島、東側には三浦半島を望むことができ、横浜ランドマークタワーや東京スカイツリーまで一望できる。南関東を視野におさめる幅広い眺望は、見ごたえがある。

地域への影響

旧江の島展望灯台

江の島シーキャンドルは建設中、旧江の島展望灯台と並びたち、灯具の交換を行って世代交代を果たした。

旧江の島展望灯台は、不思議な巡り合わせで二子玉川からやってきた。1940(昭和15)年、読売新聞社は「よみうり落下傘塔」という兵士訓練を主目的にした塔を二子玉川に建設した。戦後、藤沢市では江の島植物園の観光化が進められ、江の島のシンボルとなる展望塔を建設する案が浮上。そこで白羽の矢が立ったのが、終戦後目的を失った「よみうり落下傘塔」だった。戦争のイメージを打ち消し、平和を祈念するという意味を込め、名称は「平和塔」に決定。読売平和塔は

建て替え期間中に並ぶ江の島シーキャンドル(左)と旧江の島展望灯台(右)。 提供:江ノ島電鉄株式会社

江の島に移築され、灯台として活用されることとなった。

　江の島シーキャンドルの真下にあるウッドデッキ、サンセットテラスは旧江の島展望灯台跡に造成されている。サンセットテラスの手すりにもたれかかり、ありし日の灯台の姿に思いを馳せてみたい。

トリビア……エスカーも江ノ電◎江の島といえば「江の島エスカー」。１９５９（昭和34）年に登場した屋外エスカレーターだ。全長１０６メートルを誇り、石段を上ると20分程度かかる頂上まで４分でアクセスできる。江の島エスカーと江の島シーキャンドルは、いずれも「江ノ電」として知られる鉄道会社、江ノ島電鉄が運営している。

東尋坊タワー

福井県坂井市／55メートル

●誕生

東尋坊タワーは、全国20のタワーで運営されている全日本タワー協議会の一員である。イースト（6タワー）・セントラル（5タワー）・カンサイ（4タワー）・ウエスト（5タワー）の4ブロックのうち、セントラルに属している（〝カンサイ〟という、英語ではなさそうな単語が

大きく張り出した展望台から海を見渡す東尋坊タワー。〔T〕

混じっているのは、ご愛嬌。タワーが西日本に多いことを示しているといえそうだ）。全日本タワー協議会によると入会手続きは「入会を希望するタワーが該当するブロックにおける2社以上の推薦を受けて入会届を提出した上で、総会（毎年4月に開催）の承認が必要となる」とのことなので、セントラルブロックで2社以上に推薦されたということになる。

いずれにしても、東尋坊タワーは建物が個人所有であるなど、なかなか不思議なタワーなのだ。1964（昭和39）年に開業した東尋坊タワーは、日本海側の景勝地、東尋坊へ訪れる観光客を一手に引き受けるレストハウス的な意味合いで建てられたと推測される。なぜならば、東尋坊タワーという名前でありながら、これぞ東尋坊！という風景が展望台から見られないからである。国の天然記念物にも指定されている「柱状節理」という巨大な岩々が死角となって見られないため、インターネット上で珍スポットとして愛されて（いじられて？）いるケースも見受けられる。すぐそばには東尋坊商店街があり、お土産を買い求め、新鮮な海の幸を味わいにくる観光客で賑わう。

●見上げる

頭が大きなタワー

展望台が大きく張り出したフォルムが特徴的な東尋坊タワーは、海抜100メートル。高さ55メートル。メインカラーは白で、展望台は赤、塔部分の四隅は青とマリンカラーで塗り分けられている。タワー2階には、海の幸を味わえるレストランがあり、団体客の受け入れも行っている。

見下ろす

四季をうつす海景色

展望台からは白山連峰を望み、雄大な海景色、神々の住む島と呼ばれる雄島《おしま》を見ることができる。日本海に注ぐ九頭竜川の河口も見もの。東尋坊の柱状節理は見られないが、それはすなわち○○の名所を覗きこまずに済むともいえる……。

地域への影響

柱状節理の絶景

世界中に3か所しかない「輝石安山岩の柱状節理」を目の当たりにできる東尋坊。ゴツゴツとした断崖絶壁が約1キロメートル続く奇勝であり、荒々しい表情を見せる岩に波が打ち寄せる様は迫力がある。東尋坊を訪ねる人々を、長年受け入れ続けてき

輝石安山岩の柱状節理と遠方に雄島を望む。〔T〕

たタワーの功績はたたえられよう。

トリビア……**東尋坊のパワー**◎東尋坊の名前の由来は「東尋坊」というお坊さん。平泉寺《へいせんじ》の僧兵「東尋坊」は傍若無人で周囲を苦しめる暴僧。東尋坊の恋のライバルだった「真柄覚念《まがらかくねん》」という僧は、1182年4月、酒盛りをする東尋坊を泥酔させ、海へ突き落とす。その後、49日間にわたって東尋坊の無念で海は大荒れとなって以来、この地を東尋坊と呼ぶようになったそうだ。なかなか恐ろしいエピソードながら「とうじんぼうくん」というキャラクターはとてもファンシーだ。

神戸ポートタワー

兵庫県神戸市／108メートル（避雷針）

誕生

高度経済成長期、神戸市は都市開発に積極的に取り組んだ。市街地後背部の山地から土砂をベルトコンベアで運び、ポートアイランドなどの人工島を造成するといった大胆な施策を実現した神戸市は「株式会社神戸市」と称され、全国の地方自治の手本とされた。「山、海へ行く」と謳われた神戸の街づくりの基礎を担ったのが、20年間にわたり市長を務めた原口《はらぐち》忠《ちゅう》次《じ》郎《ろう》。神戸ポートタワーは、彼が抱いた一つの願いから生まれた。

原口は、視察先のオランダ・ロッテルダム港で「ユーロマスト」というタワーと出会う。河港を一望できるタワーの姿は、彼の心に深く刻まれていたようだ。繁栄を続ける神戸港を見てもらいたい。その思いは、神戸港開港九十周年を記念して計画された神戸ポートタワーへと結実し、1963（昭和38）年、開業を迎えることとなった。その後ポートアイランド、六甲アイランドという人工島が生まれ、「神戸ポートアイランド博覧会」の開催、メリケンパークの造成、そして、阪神・淡路大震災。震災後に開港した神戸空港、神戸ポートタワーは、神戸港の変化をじっと見つめ続けてきた。

神戸港を見守り続ける神戸ポートタワー。〔T〕

見上げる

鼓のような優美なシルエット

高さ108メートルのタワーは、世界初のパイプ構造による建造物。日本古来の楽器「鼓」を想起させるデザインは、双曲面構造の美しい外観と独特のパイプ構造で描き出され、世界的にも非常にユニークだ。中ほどがくびれたフォルムは優美で「鉄塔の美女」とも称されている。計画では、シルバー一色でつくられる予定だったが、当時の航空法によって黄赤（インターナショナルオレンジ）をメインカラーとすることになってしまった。しかし、結果的には六甲の山々や神戸港の青によく映え、港町神戸のシンボルとしてふさわしい存在感を獲得している。

塔頂部にある「PORT OF KOBE」のネオン。

進化するライトアップ

タワーとしては全国ではじめて溢光照明（フラッドライト：広域をやわらかく均一に照らすことができる）でライトアップを行ったことで知られる。建物自体をライトアップすることは当時めずらしく、神戸ポートタワーの先見性を垣間見ることができる。塔頂部は「PORT OF KOBE」のネオンでぐるりと囲まれ、昼夜問わずランドサインとしての役割を果たしている。

2010（平成22）年4月のリニューアルオープンで、7040個のLED照明によるイルミネーションが設置された。そのバリエーションは40パターンを数え、新たな表情を生み出した。LED照明の変化は、時間や季節を感じさせてくれる。

●見下ろす「コウベマスト」からの展望

展望台は5階層あり、中でも特徴的なのは、天井を、四季の星座を描く光ファイバーで彩った5階、今や懐かしい回転床の喫茶室となっている3階だ。階を下りていくにつれて空間の横幅が狭くなり、なだらかなくびれを体感できる。天気がよければ東は大阪、西は淡路島、南は関西国際空港、北は六甲山の山並みを見渡せる。もちろん、メリケンパークやその先の人工島、再開発地区と

メリケンパークと神戸ポートタワー。〔T〕

して賑わう「ハーバーランド」や、観覧車が鮮やかに光る複合商業施設「モザイク」、六甲山系と港のわずかな空間で発展した神戸市街、遊覧船が発着する中突堤《なかとってい》中央ターミナルも眼下に収めることができる。

地域への影響

震災を耐え抜き、市民を励ます

1995(平成7)年1月17日未明に発生した阪神・淡路大震災により、神戸市街は壊滅的な被害を受けた。しかし、神戸ポートタワーはほとんど損傷しなかった。地震を想定し、綿密に重ねた検証実験と、地上よりも地下に重みを乗せた構造からくる高い安定性が要因として挙げられる。

同年2月14日、震災前と変わらぬ、美しいタワーが夜空の下で輝いた。ライトアップが再開されたのだ。神戸ポートタワーは、暗く沈んだ街を照らした、神戸市民の希望の灯だった。すぐそばにあ

阪神・淡路大震災後の神戸ポートタワー付近の様子(1995年5月12日撮影)。 提供:神戸市

るホテルオークラも、ルームライトで「ファイト」の文字を描き、神戸市民を勇気づけた。時は流れ、2011（平成23）年の東日本大震災直後はタワーもライトダウンを行ったが、同年4月11日からはLEDで「ガンバロウ！　東日本」というメッセージを点灯させた。被災地の痛みを最もよく分かち合い、寄り添える地からの応援だった。

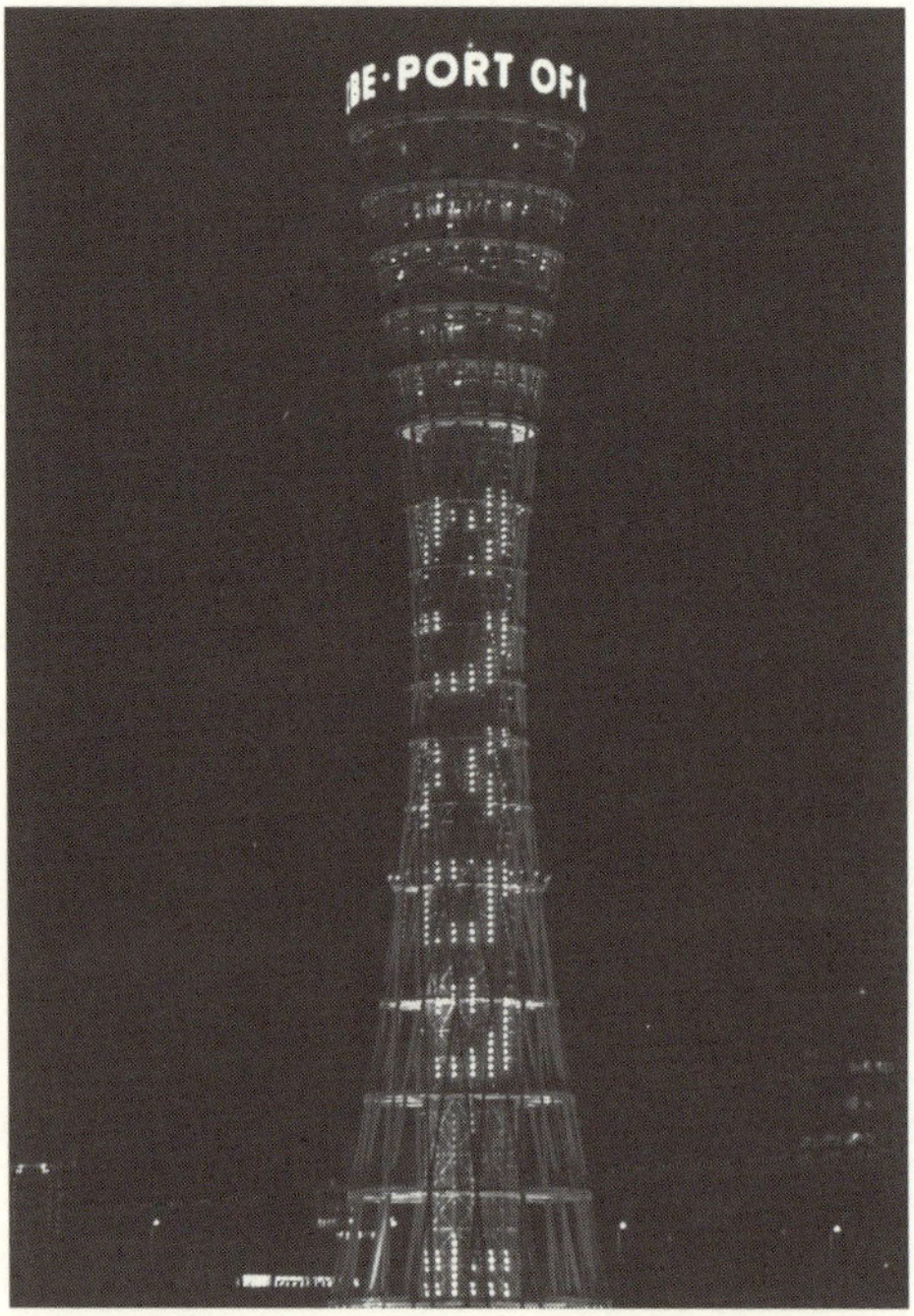

神戸ポートタワーに灯る「ガンバロウ！　東日本」のメッセージ。
提供：神戸ポートタワー

トリビア……キャラクターは仲良し？◎2013（平成25）年に開業五十周年を迎えた神戸ポートタワー。記念イベントには関西4タワー（京都タワー、通天閣、空中庭園展望台、神戸ポートタワー）のキャラクターがお祝いに現れるなど、関西人（？）同士、交流が深いようだ。ちなみに、神戸ポートタワーのキャラクター「キャプテンタワー君」が不得意なことは炎天下の活動とお辞儀。炎天下の活動はおそらくほとんどのキャラクターが苦手だが、お辞儀が不可能なのは、2・5メートルという細長いシルエットにくびれがないせい。

6 シンボルとしてタワーをつくる

博多港のシンボル、博多ポートタワー。

青森県観光物産館アスパム

青森県青森市／76メートル

●誕生

青森港を見守る青森県の顔

古くからの漁港であり、物資輸送の拠点として栄えた青森港。かつて青函連絡船が出入りしたその港を見守るようにたっているのが、青森県観光物産館アスパムである。１９８６（昭和61）年の竣工以来、30年間で延べ約３０００万人の人を迎えてきた。アスパムという愛称は「青森県観光物産館」を英語に直訳した、Aomori（青森）、Sightseeing（観光）、Products（物産）、Mansion（館）の頭文字ＡＳＰＭから名付けられている。

建設の目的はその名の通り、青森県の産業・観光物産や郷土芸能を紹介する「青森県の顔」をつくることが一つ、そして、青森県の今後の飛躍をめざす産業振興の拠点とすることが挙げられる。

コンセプトである「青森県の顔」という役割だが、青森の風景や文化をわかりやすく紹介する観光映画が2階「青い森ホール」で上映されている。スクリーン9面が観覧者を囲むようにつながられ、青森の見どころが映し出される様子は迫力満点だ。その他「市町村ホール」での写真パネル展示や、ねぶた祭りのお囃子の講習会が行われるなど、青森の文化発信地としての機能を保っている。１階では津軽三味線の無料観賞会が行われ、物産コーナーの充実ぶりからも、青森の紹介所であろうという意志が感じられる。

アスパムの外観は、青森の「A」を象徴している。〔T〕

青森駅周辺に密集する観光施設

アスパムは、JR青森駅東口から徒歩8分ほどとアクセスがよく、周辺に多くの見どころがある。青森駅の近くには、朝5時からオープンしている「アウガ新鮮市場」、物産店やレストランだけでなく、青森県産りんごで醸造した「AOMORI CIDRE（シードル）」の工場を備えた「A-FACTORY」、夜景スポットとしても人気の青森ベイブリッジなど、周辺の観光名所も豊富だ。また、アスパムの裏手にある「青い海公園」の一角には、毎年5月上旬からねぶた小屋が設置される。入口が開いている小屋は、制作者の許可を得ることができれば、制作風景の見学も可能だそうだ。

見上げる

AOMORIの「A」

地上15階建て、高さ76メートルのアスパムは、青森県内で最も高い建物である。青森のAをこれでもかと印象付ける、正三角形が特徴。高くなるにつれ、フロア面積が著しく減ってしまうので、一般的なオフィスビルや住居などでは考えられない贅沢なつくりである。正三角形のアスパムを

青森ベイブリッジにほど近いA-FACTORY。〔T〕

青森港からアスパムを望む。〔T〕

しっかりと目に焼き付けたい場合は、裏手の青い海公園や、海を挟んだ北側にある白い灯台から見るのがおすすめだ。その独特な形状は、夜のライトアップでより際立ち、青森港の風景にアクセントを生み出す。ランドマークの「記号性」がいかんなく発揮されている。２０１６（平成28）年3月には、北海道新幹線開業でつながった青森市と函館市。青森のアスパムと函館の五稜郭タワーを、それぞれ車体カラーにライトアップするなど、地域を盛り上げる活動にも一役買った。

●見下ろす

青函連絡船「八甲田丸《はっこうだまる》」

アスパムの展望台は13階、地上51メートルの高さにある。青森市街、下北・津軽・夏泊《なつどまり》半島やむつ湾、八甲田の山々、好天に恵まれれば北海道の大地まで望むことができる。港に出入りするクルーズ客船や、シーズンにはねぶた祭りの様子も眺められる。

展望台からの風景で、最も青森港の歴史を感じさせるのが、港に係留されている「青函連絡船メモリアルシップ 八甲田丸」。青函連絡船の歴史を伝えるミュージアムだ。

青函連絡船は、青函トンネルに役割を譲り、1988(昭和63)年に廃止されるまでの80年間、本州と北海道をつなぎ、約1億6千万人の乗客、約2億5千万トンの物資を運び続けた。23年7か月という長きにわたり活躍した「八甲田丸」は、黄色の船体で人々に親しまれた青函連絡船。青森市民、また、本州と北海道を行き来した人々にとって忘れられない記憶の一つだ。ちなみに、函館の港には「摩周丸」が青函連絡船記念館として係留されている。

アスパムより青森港、八甲田丸、青森ベイブリッジを望む。〔T〕

●地域への影響

シンプルで強力な記号性

アスパムの正三角形が表現する「AOMORI」の頭文字。その意味付けは、青森ベイブリッジにも継承された。１９９４（平成６）年に全面供用を開始した橋は、橋脚やケーブルに「Ａ」がかたどられ、青森ウォーターフロントのシンボルとなっている。また、アスパムは青森県民にとってねぶた祭りの準備場所であり、青森県民駅伝競走大会のスタート地点でもある。正面の道は「アスパム通り」と名付けられ、青森市のランドマークとして認識されている。

トリビア……パムパムくん◎アスパム在住のオリジナルキャラクター「パムパムくん」。開館十周年を記念して誕生した。めずらしくプロフィールに血液型の設定があり、もちろんA型。これでB型やO型だとやや困惑しそうなので、適切な判断といえよう。

未来MiRAi

群馬県邑楽郡邑楽町／56・5メートル

誕生

1988（昭和63）年から翌年にかけて、各市町村に対して国から1億円が交付されたことを覚えている人も多いだろう。「自ら考え自ら行う地域づくり事業」通称「ふるさと創生事業」は、時の総理大臣竹下《たけした》登《のぼる》の在任中に行われた政策だ。高知県中土佐町がつくった純金のカツオ像が盗まれて溶かされたり、多くの温泉が掘削されたりと、国費の無駄遣い、ばらまきとの批判を受けることも多かった。しかし、自治体規模に依ることなく一律の交付を行ったことは、多くの都道府県が抱えていた県内の経済格差を縮小する一つの打開策となり、地方自治体が国に頼ることなく政策を考えるきっかけとなった。残金を「ふるさと創生事業基金」として留保し、東日本大震災の復興費に充て

邑楽町役場（右）と並ぶ未来MiRAi。〔T〕

た岩手県大槌町のような例も存在し、長期的に機能する政策だったともいえる。

前置きが長くなったが、ここで取り上げる「未来MiRAi」は、この1億円を利用して建設された、群馬県邑楽《おうら》郡邑楽町のシンボルタワーだ。住民からのアイデアを募り、住民の代表が検討を行った民意主導型のタワーであり、1989（平成元）年のアイデア募集から約4年後、1993（平成5）年に竣工した。

正面から見た未来MiRAi。展望室の下に町章がかかげられている。〔T〕

見上げる

変形九角形の展望台を見上げる。〔T〕

3村合併の象徴

未来MiRAiは、高さ56・5メートル。断面が正三角形の塔体に、変形九角形の展望台が乗っている展望タワーだ。建設費を抑えながらも安定性を確保でき、3村合併で誕生した町という意味も込めた正三角形に決定したそうだ。塔体以外にも、塔壁に掲げられた時計など、さまざまな設備に町章を形どった三角形が使われている。クリスマス時期には、塔体に大きなツリーがライトアップされるなど、イベントスペースとしても活用されている。

見下ろす

上毛三山《じょうもうさんざん》と関東平野を望む

展望室からは、赤城山、榛名山《はるなさん》、妙義山《みょうぎさん》の「上毛三山」が眺められ、晴れた日には、富士山や東京スカイツリーが一望できる。邑楽町が町を挙げて開発に取り組んでいる「おうら中央公園」も眼下に広がる。

地域への影響

シンボルゾーンの中のシンボル

邑楽町は、中央部に町役場や公園、町立図書館を整備し、一級河川孫兵衛川と一体となったシンボルゾーンの開発を行っている。そのシンボルゾーンのアイ・ストップとしての機能を果たすこと、そして、計画的に開発が進む町を俯瞰する装置となることが、未来MiRAiに課せられた役割である。

トリビア……ライバル心？◎「冬場の晴天時には、東京スカイツリーが見える」ことを売りにしているまでは普通なのだが、未来MiRAiは東京スカイツリーに並々ならぬライバル心を燃やしている。エレベーター内に、東京スカイツリーとの高さ比較図が描かれていたり、邑楽町の広報誌に「同じタワーのライバルとして、まちの発展に寄与したい」「私たちのライバル、東京スカイツリーをご覧になってはいかがでしょうか」と書かれていたりする。

東京スカイツリー側にその闘志を認識されているかは怪しいが、実は、東京スカイツリーは名称を全国投票で決めており、その最終候補6つの中に「みらいタワー」が存在した。（1-2・7パーセント得票で堂々4位入賞）。もしも「みらいタワー」に決まっていたら、さらに対抗心が掻き立てられたことだろう。

未来MiRAiのエレベーター内に描かれた東京スカイツリーとの高さ比較図。〔T〕

博多ポートタワー

福岡県福岡市／100メートル

誕生

東京オリンピックが開催された年として、人々の記憶に残る1964（昭和39）年に誕生した博多ポートタワー。「博多パラダイス」という大型レジャーランドの目玉としてつくられた。その設計は、すでに何度か名前の出てきた「塔博士」の内藤多仲博士。博多ポートタワーは、名古屋テレビ塔からはじまる「タワー6兄弟」の末っ子である。しかし、特徴的なのは6兄弟の中で、現在、唯一公営（福岡市港湾局）であり、かつ展望室への料金が無料であること。100メートルレベルの展望タワーで入館無料はとてもめずらしい。リニューアルを経て、2014（平成26）年に無事に五十周年を迎えることができた。1階には博多港の役割を学ぶことができる「博多港ベイサイドミュージアム」があり、映像の視聴やコンテナクレーン体験ができる。

見上げる

レトロな赤白タワー

博多ポートタワーは高さ100メートル、航空法に基づいたおなじみの赤白カラーのタワーだ。高さ70メートルにある展望室は二層に分かれ、上部は船の無線局。港に出入りする船の動きを、ほかの船に伝える「博多ポートラジオ」が入居し、船の安全運航を支えている。一般客が入れるのは下部で、オープン当初は床が回転していたそうだ。夜間は室内が赤いライトで照らされている。

「タワー６兄弟」の末っ子・博多ポートタワーは、兄貴分の通天閣や別府タワーと似た形状の展望室を備えている。〔T〕

見下ろす

博多の貴重な夜景スポット

展望室からは360度の眺望が楽しめ、博多や天神という九州一の繁華街、那珂川《なかがわ》河口、福岡空港に離着陸する航空機を眺めることができる。また、博多港に面していることから、港を行き交う船や近くの島々という臨海部らしい風景も味わえる。22時までオープンしているので、真下に広がる複合施設「ベイサイドプレイス博多」やコンベンション施設「マリンメッセ福岡」、博多港国際ターミナルの美しいライトアップも楽しめ、夜景の人気も高い。

地域への影響

博多パラダイスから博多港のシンボルへ

戦前から、レジャー施設や博覧会会場にはつきものとなっていた展望タワー。当時から街を俯瞰することは一つの娯楽であった。博多ポートタワーをシンボルとした「博多パラダイス」は、パノラマ展望風呂、250畳敷きの演芸場、食堂やホテルを完備。ゴーカート場やプールもあり、博多パラダイス少女歌劇団という少女楽団の演奏も有名だった。大型娯楽施設として人気を博したが、入場者の減少を受けて閉園。その後、FBS福岡放送本社や市立図書館、博多港PRセンターなどの変遷を経て、現存するのは博多ポートタワーのみとなっている。

博多パラダイスが失われた今、博多ポートタワーは、博多港のシンボルとしてたち続ける。古くから栄え、九州の中枢である博多港。多くの船の安全を見守るタワーは、これからも博多を訪れる人々の心に残り続ける。

トリビア……たぶん男の子◎口元からこぼれる白い歯がまぶしい、博多ポートタワーのキャラクター「ポートくん」。おそらく鉄骨の表現なのだが、足元がちょっと網タイツ風。ちなみにポートくんの好物はとんこつラーメン。同じく博多にたつ福岡タワーのキャラクター「フータ」は、明太ごはんが好物。きちんと博多名物で固めている。

那珂川河口と博多ポートタワー。〔T〕

タワー雑学

エッフェル塔

フランス・パリ／324メートル（放送用アンテナ含む）

エッフェル塔は1889（明治22）年、フランス革命百周年を記念してパリで行われた第4回万国博覧会（パリ万博）の目玉として建設された。塔に名を残す建設技師ギュスターヴ・エッフェルは、自ら率いるエッフェル社で鉄材を使った300メートルの鉄塔案を作成。パリ万博の建築コンクールへと提出した。対抗案として有名なのは、建築家ジュール・ブルデの「太陽の塔」である。花崗岩でつくられた約370メートルの石造りの塔は、頂上に巨大な反射鏡を備え、地上からの強力な電光が反射され、夜のパリ市内を照らすというものだった。しかし、石造りの重量に対しての懸念や、経済的な新素材「鉄」への期待が入り混じり、エッフェル社の案は見事コンペを勝ち抜いた。

しかし、巻き起こったのは知識階級からの非難

1889年に開催されたパリ万博の会場鳥瞰図。

（国立国会図書館ウェブサイト「博覧会―近代技術の展示場」より）

の嵐。今なお石造りの建物がたち並ぶパリにあって、鉄骨の塔は「無用で醜悪」「骸骨」「パリの恥」などと散々ないわれようだった。従来の美意識に固執しがちな知識人の猛反発を抑えるため、エッフェルは、力学的に計算された完成品を見た上での判断を求め、加えて天文や気象観測、戦時の監視に役立つなどという有用性を説かなくてはならなかった。そして、無骨な鉄塔に対しての批判を和らげるためか、塔の下部では部材にレリーフ文様を彫り、優雅なアーチや透かしを多用。「鉄のレース編み」とも呼ばれる繊細なデザインを取り入れた。

応力にすぐれ、石よりも軽量で安価な鉄材は、工期も劇的に短縮した。わずか2年2か月で完成した鉄塔は「合理性の時代」の象徴でもあった。万博期間中の人出はすさまじかった。6か月間、一日平均約1万人という人々が、パリの街を俯瞰したのだ。

大成功を収めながらも、エッフェル塔はわずか11年後のパリ万博での改築や解体を検討されるなど、長年にわたり存続の危機にさらされた。その都度危機を乗り越えてきたパリのランドマークは、今日も世界中の人々の目に焼き付けられる。

パリのシンボルとなっているエッフェル塔。〔T〕

別府タワー

大分県別府市／90メートル

●誕生

前述した「塔博士」の内藤多仲博士が設計した展望塔として、１９５７（昭和32）年に完成した別府タワー。内藤博士が手掛けた「タワー6兄弟」の三男だ。公式ホームページでは、別府タワーのキャラクター「別府三太郎」による味のある口上を見ることができる。

「（前略）長男は『名古屋テレビ塔』兄さん　次男が『通天閣』兄さん　そして三番目が私『別府三太郎』　弟には『さっぽろテレビ塔』やエリートの『東京タワー』や『博多ポートタワー』なんてのがいます。個性の強い兄さんや、出来の良い弟にはさまれてビミョーな存在ですがそんな所も別府っぽいってよくほめられます。」

三太郎氏のいう通り、この6兄弟の中ではやや影が薄い別府タワーだが、完成から50年後の２００７（平成19）年には国の登録有形文化財に指定されるなど、タワーの歴史を語る上では欠かす

別府タワーのキャラクター「別府三太郎」。〔T〕

国道10号線沿いにたつ別府タワー。〔T〕

ことができない存在だ。

別府タワーは1957（昭和32）年に開催された「別府温泉観光産業大博覧会」の目玉として建設がはじまった。しかし、資金繰りの都合で工事が遅れ、60日もあった博覧会の閉幕10日前にようやく完成したという悲しい（？）史実が残っている。

その後も、波乱続きの別府タワー。テレビ電波塔の役割を担うはずが、別の場所に送信所が設置されたため、一度も電波塔として活躍することはなかった。つまり、展望タワーとして来訪者を集めるしかなくなった。別府タワー宣伝部隊の全国行脚の成果と、観光ブームと修学旅行で客足は一気に伸び、年間90万人の利用客で賑わう一大観光スポットとなった。

●見上げる

塔体が縮む「らしさ」？

国道10号線沿いからはっきりと見える別府タワーは、4階建ての建屋の上に鉄塔を組んでつくられている。通天閣に続いて建てられたこともあり、ゆるやかに傾斜をつけた展望台の雰囲気や、広告の付け方がどこか似ている。完成時は100メートルだった高さは、後にアンテナが外されて縮んでしまったため、現在90メートルとなっている。これも三太郎氏のいう「別府っぽい」おおらかさだろうか。

●見下ろす

山も海も温泉街も

高さ55メートルに位置する展望台からは、別府市街や奥に広がる鶴見岳を中心とした山々、別府湾が一望できる。特に美しいのは、海辺に広がる的ヶ浜公園とSPAビーチ。元日には初日の出を見るイベントが行われる。もちろん、サル山として知られる高崎山も見える。

●地域への影響

温泉の街、別府を見守る

湧出量日本一、10種類の泉質の湯が湧きだすという、質と量を兼ね備えた別府温泉。その豊富な温泉資源を観光に結びつけたのは、油屋《あぶらや》熊八《くまはち》というアイデアにあふれた実業家であった。相場師として波乱万丈の人生を送ったが、クリスチャンとなった彼は、別府と湯布院の恵まれた資源に着目。「旅人を

別府タワーより高崎山方面を望む。〔T〕

ねんごろにせよ」という新約聖書の言葉をモットーに旅館を建て、さまざまなアイデアをつぎ込んで別府に観光客を呼び込んだ。私財を投じて別府の宣伝に奔走し続けた彼の銅像が、別府駅前に建てられている（経緯を知らないと驚くほど、ユニークな像である）。

　先人の活躍で観光都市となった別府の街。そのシンボルとして、これからも別府タワーは湯けむりのぼる泉都の街を見守っていくだろう。

別府駅前にたつ油屋熊八の銅像。〔T〕

トリビア……湯上がりはビール◎現在、アサヒビールの広告ネオンが輝く別府タワーであるが、完成当初のネオンはサッポロビールだった。湯上がりの爽快感をかきたてるそのセレクト、さすが泉都というべきか。

7 タワー化する駅

JRセントラルタワーズ越しに望む名古屋の夕景。

JRタワー

北海道札幌市／タワー棟 173メートル

誕生

札幌駅ビル「JRタワー」は、旧鉄道跡地に駅と一体開発され、2003（平成15）年に完成した。ショッピングセンターやホテル、オフィス、シネコン、そしてJRタワー展望室T38（タワー・スリーエイト）といった施設が集積する、多機能ビルである。京都駅、名古屋駅、大阪駅、東京駅と、日本を代表するターミナル駅は巨大化してきた。札幌駅も例外ではなく、都市にあるべき施設やサービスを取り込んで多機能になるほど、街に与える影響は大きくなる。札幌駅ビルは、その影響に配慮して札幌の地域性を尊重。なおかつ品格のある建物にするべくデザインされている。

展望室のあるタワー棟の高さは地上38階、高

高さに大きく差をつけた札幌駅とJRタワー。〔T〕

さ173メートル、展望室は160メートル。札幌市内ではじめて、さっぽろテレビ塔（地上147・2メートル）を超える高さの建築物となり、市民に唐突な印象を与える可能性があったことから、あえて駅舎部分の軒高は約50メートルに抑え、タワーを東側の奥に配置するという念の入れようだった。それによって、駅舎の上に空が広がり、開放的な風景が残った。

空を背景にたつJRタワー。圧迫感を軽減するくびれが特徴。〔T〕

見上げる

受け継がれる駅の記憶

JRタワーは、1908(明治41)年から45年間活躍した三代目札幌駅のディテールと、温かみのあるベージュを基調とした色彩を取り入れた。駅舎部分の形状については、四代目のイメージを取り入れ、歴代駅の記憶を継承した(ちなみに、三代目札幌駅は、市内の「北海道開拓の村」に縮小再現されている)。

JRタワー展望室T38(タワー・スリーエイト)があるタワー部は、22階部分から幅が狭くなるデザインが特徴的である。

見下ろす

テレビ塔に続くビュー・スポット

展望室は高さ160メートル。札幌市街はもちろん、その周辺まで見晴らすことができる札幌の

JRタワーよりさっぽろテレビ塔を望む。〔T〕

ビュー・スポットとして定着した。さっぽろテレビ塔や札幌市役所、札幌ドームや大倉山、札幌駅にほど近い北海道大学など、札幌を代表する風景を堪能でき、すすきの一帯の夜景は見事。札幌を見守る山々、野幌原始林といった豊かな緑、好天時には夕張岳や芦別岳、小樽も一望できる。

意外な見どころは、東側から見下ろすＪＲタワーの屋上駐車場。「direction」というアートワークがほどこされている。

●地域への影響

時計台、さっぽろテレビ塔に続くランドマーク

ＪＲタワーは開業以来、札幌市内どこからでも見ることができるランドマーク的存在となった。Ｔ38から札幌の街を眺めると、かつてのランドマークであった時計台を見ることはできず、さっぽろテレビ塔はもはや、街の風景に溶け込んだ存在であることがわかる。ランドマークにとって、視認性というのは非常に重要な要素である。視認性を上げるには、高さや大きさを追求すればよい時代があった。しかし、高さにある程度の限界が近づき、視認性で劣ったランドマークは、自らが持つ特徴を何に求めるか、どんな魅力をアピールする

現在も時を知らせる札幌市時計台。〔T〕

かで新たなランドマークと共存できるかが決まる。図らずもJRタワーは、さっぽろテレビ塔に問いを投げかけたのだといえよう。

トリビア……圧倒的開放感◎オープン当初から有名なのは、男性用トイレと多目的トイレからの眺め。「圧倒的開放感を独り占め」をコンセプトに設計されたトイレだそうだ。

JRタワー内の男性用トイレからの眺め。〔T〕

JRセントラルタワーズ

愛知県名古屋市／
オフィスタワー ２４５メートル
ホテルタワー ２２６メートル

誕生

ＪＲセントラルタワーズの完成が、名古屋駅周辺の環境はもちろん、名古屋の商圏を変えるターニングポイントであったことは間違いないようだ。１９９９（平成11）年に竣工したこのツインタワーは、老朽化した名古屋駅に代わる、新たなランドマークとして誕生した。ツインタワーの最上部は高さ２４５メートル。竣工当時、中部地方トップを誇った超高層ビルはバブル期に構想され、その規模の大きさから成功を危ぶむ意見もあった。しかし、現在も名古屋のランドマークとして君臨し、伝統的な繁華街「栄」の郊外とされていた「名駅《めいえき》エリア」を、ほぼ同等もしくは、それ以上の商圏へと押し上

ミッドランドスクエア前から見たJRセントラルタワーズ。右が扇状のオフィスタワー、左が円柱状のホテルタワー。〔T〕

扇状のオフィスタワー（左）と円柱状のホテルタワー（右）。〔T〕

げる原動力となった。

中低層部には中核施設として「ジェイアール名古屋タカシマヤ」が入居。現在、タカシマヤは、名古屋周辺のみならず、県内外からの購買層をも獲得した。

●見上げる

左右非対称のツインタワー

ＪＲセントラルタワーズは、左右が非対称な形状のツインタワー。高さも異なる円柱状のホテルタワー、扇状のオフィスタワーから構成されている。

アメリカ同時多発テロで崩壊したワールドトレードセンター、マレーシアのペトロナスツインタワーなど、通常ツインタワーは対称につくられることが多い。しかし、設計を担当した大成建設によると、それぞれの自立性の表現、直線と曲線、凹凸面とフラット面という相反要素の組み合わせでオリジナリティを演出しているそうで、確かに、見る場所によって大きく表情を変える。

なお、ツインタワーという構造を選んだ大きな理由は、地下部分が地下鉄を挟んで分断されていたため、基礎工事が十分に行えない部分が出てきたためとされる。

見下ろす

展望施設の命運

ＪＲセントラルタワーズには開業当時、51階に「パノラマハウス」という名の展望室が設けられていたが、来場不振により、２００５（平成17）年に閉鎖となった。現在は「パノラマサロン」という、エステサロンやカフェ、レストランが入居したフロアとなっている。ほかの大都市圏に比して、観光名所が多いとはいえない名古屋において「展望」という目的のみでの集客は難しかったようだ。

ただ、ＪＲセントラルタワーズの7年後に竣工した超高層ビル、ミッドランドスクエアには、44階から46階にかけて屋外型展望施設「スカイプロムナード」が設けられ、名駅エリアに展望施設が復活することとなった。色とりどりのミスト

ミッドランドスクエアのスカイプロムナード。

撮影：岡島梓

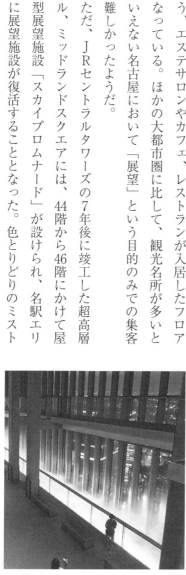

で夜景を幻想的に見せたり、定期的に内側の壁面を点灯したりと眺望以外の楽しみ方を提案し、その存在価値を高めている。

地域への影響

日本経済を支える名古屋経済圏

ＪＲセントラルタワーズは、名古屋駅周辺の風景を一変させる先がけだった。名古屋駅周辺のビルは、東海道新幹線開通前後に建設されたものが多く、建て替え時期をほぼ同時に迎えたという理由もあるが、トヨタ自動車が17階から40階を占めるミッドランドスクエアをはじめ、名古屋ルーセントタワー、モード学園スパイラルタワーズと170メートルを超える超高層ビルが建てられはじめた。

そして、長らく桜通口駅前のシンボルとして親しまれた大名古屋ビルヂングは２０１６（平成28）年３月に建て替えグランドオープン、続いてＪＰタワー名古屋は同年６月開業。ＪＲセントラルタワーズとも連絡するＪＲゲートタワーが

夜の大名古屋ビルヂング。　撮影：岡島梓

2017（平成29）年4月に開業を控え、名駅エリアの高層化はとどまることを知らない。
その動きにともなって、名古屋一の繁華街、栄地区との経済格差は縮まり、現在では若年層を中心に、名駅エリアを名古屋の中心と考える市民も増えているようだ。リニア中央新幹線の影響も見逃せないが、トヨタ自動車をトップとする関連企業、大手企業の支社をずらりと揃える名古屋の好景気が、そのまま名駅エリアの風景に反映されているといえる。

トリビア……リニアが名古屋にやってくる！◎2014（平成26）年から工事がはじまった、リニア中央新幹線の名古屋駅。2027（平成39）年の開業までかかる難工事とされているが、そもそも名古屋駅（名駅《めいえき》）は地元で「迷駅」と不名誉なあだ名がつけられるほど構造が複雑。東海道新幹線をはじめ、リニアを含めると10路線が乗り入れる大ターミナル名古屋駅。リニア駅造成を機に、利便性の高い駅への改造も期待されている。

大阪ステーションシティ

大阪府大阪市／
サウスゲートビルディング　122.3メートル
ノースゲートビルディング　約150メートル（高層棟）

誕生

大阪ステーションシティは2011（平成23）年5月、大阪駅北地区の開発に先がけて誕生した。JR大阪駅は、西日本管内で最も乗降客の多いターミナル駅であるが、既存の市街地は南側及び東側にあり、貨物列車基地があった北側は「駅の反対側」といわれ、人の流れがほとんど見られなかった。そこで「うめきた」と呼ばれる大阪駅北地区の開発が計画されたのだ。それに呼応する形で、大阪駅が変わった。駅整備とまちづくりの視点に立って、「抜本的な駅改良」「広場・通路の整備」「新北ビルの開発」「アクティ大阪増築」を4つの柱として開発が進められ、大阪ステーションシティが完成した。

大阪ステーションシティ。サウスゲートビルディング（左）とノースゲートビルディング（右）が大屋根でつながれている。〔T〕

JR大阪駅構内から見上げた大屋根。〔T〕

梅田地区のコアとして

ＪＲ大阪駅を南北で包み込むように「サウスゲートビルディング」及び「ノースゲートビルディング」が建設された。利便性を生かし、商業施設やオフィスなど、都市機能を集中させている。

ゲートという名の通り、大阪・梅田地区の玄関口として、事業者ごとに開発されてきた梅田地区の回遊性を向上させる「つなぎ目」としての役割を期待されている。そして、もう一つの役割は、大阪駅そのものを梅田地区のランドマークとすることだった。

●見上げる

南北をつなぐ大屋根というランドマーク

「つなぎ目」のシンボルともいえるのが、東西約１８０メートル、南北約１００メートル、３５００トンという巨大な大屋根だ。サウスゲートビルディングとノースゲートビルディングをつなぎ、大阪駅をすっぽりと覆っている。乗り換えの利便性、ラッシュ時の混雑緩和や歩行者の回遊性はもちろん、近未来的な空間を演出する大屋根は、大阪駅の顔となった。シンボル不在の梅田地区にあって、大阪駅の大屋根は一つのランドマーク候補となるだろう。

大屋根の真下にある「時空《とき》の広場」から見下ろすホームは、さながら海外のターミナル駅のように美しく、そこかしこで発着を繰り返す電車の姿はまぎれもなく、大阪が西日本一のターミナルであることを感じさせる。

大屋根の下にある時空の広場。〔T〕

JR大阪駅のホーム。〔T〕

見下ろす

広場から見る梅田の街

残念ながら、大阪ステーションシティの中で最も高いノースゲートビルディング内に、展望施設はない。ただ、10階の日本庭園をイメージした「和らぎの庭」、11階のイングリッシュガーデンを想起させる「風の広場」からは、うめきたエリアや梅田スカイビルの景色を楽しむことができる。また、サウスゲートビルディングの15階から17階に広がる「太陽の広場」からは、大阪駅南側のビル街を見ることができる。

地域への影響

広場と通路の誕生

商業地として各事業者が独自に開発をした梅田地区は、ビルが林立し、車道がその間を縫うように走っていた。つまり、開放的な空間と歩行者優先の通路がほとんど見られなかった。大阪ステーションシティは、近年車両デザインで高名な水戸岡鋭治《みとおかえいじ》氏監修のもと、8つの広場を設けた。点在する個性豊かな広場は、人々の憩いの場となっている。また、地下と地平部分とデッキレベルの三層のネットワークで、大阪駅とその周囲を結び付けたことで、歩行者も安心して回遊できる環境が整った。

個別の開発から4社連携へ

阪急梅田駅・茶屋町エリアは、実業家として知られる小林一三《こばやしいちぞう》のアイデアが花開いたターミナルシティだ。その中核となったのは、1929（昭和4）年に開業した日本初の駅直結百貨店「阪急百貨店」だ。「よい品を安く売る」をモットーにしながら、周辺の小売店にも配慮した人情味あふれる経営で大人気となり、梅田は一大商業地として発展を続けた。

阪神百貨店が位置するＪＲ大阪駅南エリア（ダイヤモンド地区）、西梅田エリア、ＪＲ大阪駅エリア、そして目下開発中のうめきたエリアと、それぞれのエリアが個々に開発されたことは、前述の通りである。

現在は、阪急電鉄、ＪＲ西日本、阪神電気鉄道とグランフロント大阪の４事業者で「梅田地区エリアマネジメント実践連絡会」を結成、さらなる梅田の魅力を高めようと協力体制をとっている。「うめきた」という眠れる資産を活用しはじめたＪＲ西日本やグランフロント大阪の動きを見て、梅田の生みの親、小林翁はどのような感想を抱いているだろうか。

トリビア……8つの広場と時計◎ステーションシティ内の8つの広場は「水・緑・時・エコ・情報」が共通テーマ。その中の一つ「時」を表現するため、それぞれ個性的な時計が設置されている。その時計を探し当て、鑑賞するのも一つの楽しみといえそうだ。

8 タワービルは都市のシンボル

大阪・天王寺のランドマークとなったあべのハルカス。〔T〕

霞が関ビルディング（霞が関ビル）

東京都千代田区／147メートル

誕生

関東大震災で強化された市街地建築物法［1919（大正8）年制定］以来、国内に高さ100尺、つまり31メートル以上の建物は建設不可とされた。後年、霞が関ビルディングの建設プロジェクトリーダーとして活躍した二階盛《にかいせい》は、「当時の東京の街には、マッチ箱のような建物がずらっと並んでいた。東京は平面過密、立体過疎だったのです」と、霞が関ビルディング以前の東京について語っている。

日本初の超高層ビル、霞が関ビルディングが竣工したのは1968（昭和43）年のことだった。超高層ビルの誕生は、二つの出来事がからみあった結果生まれた。一つ目は、やむを得ない着工の延期。国際収支が悪化し、金融引締政策を行う政府によって延期を勧告されたのだ。二つ目は、1962（昭和37）年8月の建築基準法の改正で、31メートルという建物の高さ制限が撤廃されたことだった。着工が延期されている間の撤廃で、霞が関ビルディングはそれまでの計画を全面的に見直すことになる。オフィス利用には、1フロア100坪が適当な大きさとされ、容積率から地上36階、高さ147メートルという未曽有の規模を持つ計画となった。

日本初の超高層ビル建設は、関わる全員にとって未知の世界。霞が関ビルディングは、超高層ビ

超高層ビルの先がけである霞が関ビルディング（2004年撮影）。〔T〕

ルの安全性を自ら語るビルでなくてはならなかった。建築学者、武藤清《むとうきよし》が五重塔をヒントに提唱した日本独自の「柔構造」を採用し、地震の破壊力を分散させる構造を鉄骨で実現した。最新の防火設備や軽量コンクリート、タワークレーンのクライミング工法など、取得した特許は約40件にも及ぶ。まさに当代の英知がつぎ込まれたプロジェクトとなった。

●見上げる

広場を生み出した超高層ビル

構造設計は前述の武藤清教授、意匠設計は山下寿郎《やましたとしろう》建築事務所（現・山下設計）で、モダニズム建築の代表作とされる。超高層ビルを建設する大きな理由の一つは、敷地内に広場を設けることだが、霞が関ビルディングがそのはじまりである。現在でも、広場には人々がくつろぎ、行き交う姿が見られ、人間の身体性を重視した設計として評価されている。

また、それまで日本のビル家賃は最高額が1階、2階がそれに続き、3階以上は同額が一般的だったところ、採光や眺望に優れ、騒音も少ない高層になるほど高いアメリカ方式を採用。価値観の転換により1階と2階を無理につくりだす必要がなくなり、開放的なロビーを持つビルの先がけとなった。

●見下ろす

日本の中枢を眼下に

現在、35階に入居しているレストランからは、国会議事堂や官庁街の様子を間近に、都心の眺望を楽しむことができるが、展望フロアは設けられていない。

建設当時、最上階の36階には展望台「パノラマ36」が設置されていた。当時は、ほかに並びたつ建物がなかったことから、都心のみならず関東平野を一望できた。地下鉄の初乗りが30円という時代、入場料250円を支払っても、ほかのビルの約5倍もの高さからの絶景には代えがたく、ビル運営の黒字化に大きく貢献した。多い日には一日に1万人が来場する盛況ぶりだったが、その後、東京の高層化はとどまることを知らず、展望台は需要の減少によりオフィスへと改装された。

●地域への影響

先達が失わない価値

霞が関ビルディングは、地震の多い日本にあっても、100メー

建設当時の霞が関ビルディングと周辺の様子。　提供：三井不動産株式会社

トルを超える高層ビルが安全に建てられるということを証明した。それ以降、現在では３００メートルもの高さのビルが建つまでになったが、当時のインパクトは相当なものであったに違いない。そして、竣工から間もなく50年を迎える超高層ビルは、今なお進化を続けている。２００９（平成21）年には低層部がリニューアルされ、隣の東京倶楽部ビルと飲食店舗が一体化した「霞ダイニング」が開業した。このように、綿密な管理体制で、オフィスビルとしての価値も損なわれることなく、今も多くのビジネスマンを支え続けている。

トリビア……斬新すぎるプロモーション◎高さはもちろん、建築技術も日本初だらけの霞が関ビルディング。プロモーションもかなり斬新だった。なんと、映画をつくってしまったのだ。タイトルは『超高層のあけぼの』。２時間40分という超大作であり、往年のスター俳優が出演している。

鹿島建設を筆頭に、建設に携わった企業が協力して前売り券を売った成果もあり(?)、映画は１９６９（昭和44）年の邦画興行ランキング第２位と大ヒットを記録した。

丸の内ビルディング（丸ビル）

東京都千代田区／179・2メートル

●誕生

彌之助《やのすけ》の先見、小彌太《こやた》の決断

丸の内ビルディング（丸ビル）の前身である丸ノ内ビルヂング（旧丸ビル）は1923（大正12）年に竣工した。その大きさから「東洋一のビル」と謳われたオフィスビルは人々の憧れであり、丸の内が日本一のビジネス街となる大きな原動力となった。

ちなみに、当時のビジネス街といえば、日本橋兜町。明治時代半ばまで、丸の内はただの空き地であった。財政難に陥った明治政府は、皇居前の軍用地を相場の2～3倍という高値で売りに出し、財界人に購入を持ちかける。しかし、交渉はすべて失敗。東京市でさえ、年間予算の3倍という値付けに手が出なかった。当時の大蔵大臣松方正義《まつかたまさよし》は、三菱社二代目社長の岩崎《いわさき》彌之助《やのすけ》に直談判。彼が「国家あっての三菱」と購入を決め、世

絵はがきに描かれた丸ノ内ビルヂング（旧丸ビル）。　提供：鈴木商店記念館

間や身内の非難を「竹でも植えて虎でも飼うさ」と受け流したのは、１８９０（明治23）年のことであった。

しかし、この巨額投資はもちろん博打ではなかった。同年に発表となる東京駅建設計画、そして、ロンドン視察中の筆頭幹事から受けた「国際化をめざすには、立派な玄関口と世界に通用するオフィス街が必要である」という報告は大きな判断材料となっただろう。ロンドンから打電された「丸の内、買い取るべし」との電報を彌之助は受け入れた。

その後、彌之助の長男である岩崎小彌太《いわさきこやた》は、四代目社長となり、破格の工費をかけた丸ノ内ビルヂングの建設を決意。通称「丸の内の大家」と呼ばれる三菱地所の基礎を築いた。

丸ノ内ビルヂングは、１９９５（平成７）年の阪神・淡路大震災を契機に建て替えが決定。特定街区制度を活用し、指定容積率を超えて大規模・高層化した丸の内ビルディングの建設が発表された。21世紀を生き抜く国際ビジネスセンターの顔として、２００２（平成14）年に再びオープンした。

見上げる

「丸の内の大家」の誇り

低層部は、丸ノ内ビルヂング（旧丸ビル）の雰囲気を残し、高層部は低層の色合いに合わせた落ち着いた色味に仕上げている。地上37階地下４階の超高層ビルは、隣の新丸の内ビルディングと低層部の高さを揃えて一体感を出している。二つのタワーは、三菱地所にとって特別な存在。岩崎彌之助が描いた、東京の表玄関にふさわしいゲート性と風格を備えている。

低層部に丸ノ内ビルヂング（旧丸ビル）の雰囲気を残す丸ビルを見上げる。〔T〕

見下ろす

無料で高みの見物

35階の展望スペースからは、皇居外苑をはじめとして、国会議事堂、東京タワー、有楽町・銀座界隈、そして臨海副都心部を一望することができる。5階にも東京駅を眺められるオープンエアの展望テラスがある。

地域への影響

オフィス街からの脱皮

国際的に通用する一大オフィス街をつくるという三菱の目論見は大いに当たり、現在の丸の内は大企業の本社や国際金融センターが集中、JR各線のみならず、5路線の地下鉄網が走る日本一のオフィス街となった。しかし、オフィス街の宿命として、週末の閑散は避けられなかった。1998（平成10）年頃から、オフィス街一辺倒のイメージを変え、商業エリアの充実、文化的、観光要素を含んだ多機能な街をめざして再度開発が進められた。

オフィスビルや商業施設がたち並ぶ東京駅周辺。〔T〕

丸の内エリア内では、新丸ビルと丸ビルの間を通る行幸《ぎょうこう》通りの地下に歩行者専用通路をつくり、東京駅・丸ビル・新丸ビルの回遊性が高められた。そして、かねてより「大・丸・有」（大手町・丸の内・有楽町）と呼ばれるエリアは、一定のルールに則って開発が行われ、統一感のある街並みであった。その統一感をもう一歩進めるべく、丸の内仲通りという全エリアをつなぐ通りを重点的に整備することで、回遊性を高め、魅力あるエリアを形成している。

歴史の継承法の定番

下部に過去のビルの記憶を継承し、上部は超高層ビルにするという手法は、日本工業倶楽部、歌舞伎座タワー、ＪＰタワー（ＫＩＴＴＥ）などにも取り入れられ、定着しつつある。遠方から見るとやや違和感があることは否めないが、今までもさまざまな様式を折衷して発展した日本近代建築にあって、新たな可能性を示唆するものである。

歌舞伎座（手前）の背後に建てられた歌舞伎座タワー（奥）。

トリビア……企業戦士を生み出したビル◎丸ノ内ビルヂングは、低層階にショッピング施設を導入したはじめてのオフィスビル。飲食店も充実し、ビルから一歩も出ずに働ける近代オフィスビルは、多くの企業戦士を生み出した。

六本木ヒルズ森タワー

東京都港区／238メートル

誕生

2003（平成15）年に開業した六本木ヒルズ。事業主の株式会社森ビルは「文化都心」をビジョンに掲げ、約17年という長い歳月をかけて一体開発を行った。六本木ヒルズのメインタワーである六本木ヒルズ森タワーは、高さ238メートル、地上54階、地下6階という超高層ビルで、最上層に、美術館、展望台、会員制クラブ、アカデミー・フォーラム施設からなる複合文化施設「森アーツセンター」が設けられ、経済的側面に傾きがちであった超高層ビル建設に一石を投じた。

超高層ビルに多くの機能を集約させることで、毛利庭園に代表される憩いの場や映画館、パブリックアートやホテルなどの多彩な都市機能を有する空間が誕生した。イベントも多数開催されることから、国内外より毎年4000万人を超える集客を実現している。

見上げる

巨大な武士の甲冑

六本木ヒルズ森タワーのデザインを手がけたのは、ニューヨークの建築事務所コーン・ペダーセン・フォックス・アソシエイツ。縦横の寸法比が約3対1で、ほかの超高層ビルと比して断面の太

六本木ヒルズ森タワーを見上げる。〔T〕

さが印象的だ。1フロアの貸室面積は約4500平方メートルと広大で、多くの外資系企業やIT企業が入居しており、入居歴を調べるだけで、時代の流れを実感することができる。

どっしりした形状から生まれる威圧感を和らげるように、ほとんどのラインが曲線で描かれ、複数のビルが重なっているかのような多層的なフォルムが特徴的である。このフォルムは、武士の甲冑をイメージしたそうだ。

●見下ろす

群を抜くタワービュー

展望台である東京シティビューは、六本木ヒルズ森タワーの52階、海抜250メートルの高さに位置している。高さ11メートルを超える贅沢な吹き抜けと360度ガラス張りの空間は、東京の街を一望するのにふさわしい。展望台に入るとすぐに、東京の

六本木ヒルズ森タワーから見える東京タワー。

ランドマーク、東京タワーが美しくたち上がる姿が見られることから、東京タワー愛好者からも人気が高い。

屋上には、オープンエアの展望施設「スカイデッキ」があり、海抜270メートルから都内のランドマークのみならず、天気が良い時は富士山も見られる。スカイデッキは、都心にいながら星空観察までも楽しめる場所である。

●地域への影響

森ビルの理念と情熱

虎ノ門の交差点そばに2棟のビルを建てた森不動産を前身とする森ビルは、ビル単独の「点的開発」から複数の街路や街区を合わせた「面的開発」、そして「都市づくり」を進めてきた。六本木ヒルズは「都市づくり」をめざした国内最大規模の開発である。六本木ヒルズが生まれる前の六本木6丁目地区は、テレビ朝日を中心に、約17メートルの高低差で分断された南側に木造家屋や小規模住宅が密集しており、防災上非常に危険であった。南側を残して再開発に踏み切ることは容易だったが、防災上の危険は二度と取り除くことができない。そのため、一貫して一体開発を模索し続けた森ビルは、再開発地区内の権利者と対話を重ね、再開発指定を受けてから15年後にようやく着工するという難事業に取り組むこととなった。

逃げ出す街から逃げ込める街へ

このような再開発の経緯から、災害に強い街づくりは必須であった。「逃げ出す街から逃げ込める街へ」というコンセプトの元、六本木ヒルズ森タワーには、最新の制振装置が導入されている。

また、支援物資の備蓄はもとより、非常時用の水は敷地内の井戸で確保され、電力は二重のバックアップ体制をとるなど、多くの人員を抱える同地区のライフラインの確保に努めている。

トリビア……**歴史の重なる毛利庭園**◎六本木ヒルズは「毛利庭園」という庭を有しており、四季折々の美しさを楽しむことができる。その名の通り、毛利《もうり》元就《もとなり》の孫、秀元《ひでもと》の上屋敷の庭園が起源とされ、1702（元禄15）年、吉良《きら》義央《よしひさ》邸討ち入りを果たした赤穂《あこう》浪士《ろうし》のうち10人が毛利家預かりとなった後、この地で切腹するなど、歴史的にも重要な場所である。1952（昭和27）年にはニッカウヰスキーの東京工場になり、池の通称は「ニッカ池」であったという。

あべのハルカス

大阪府大阪市／300メートル

●誕生

天王寺のランドマーク

地上60階建て、高さ300メートルの超高層複合ビルあべのハルカス。かつて、横浜ランドマークタワーは、300メートル以上の世界基準超高層ビル「スーパートール」をめざしたが、東京国

JR天王寺駅前にたつあべのハルカス。〔T〕

際空港の標準出発経路（ＳＩＤ）と重なり、高さ２９６メートルとなった。日本国内では、滑走路からの距離による規制に抵触するケースが多く、航空法の緩和というタイミングをつかんだあべのハルカスは、２０１６（平成28）年時点で国内唯一のスーパートールとなった。

あべのハルカスという名称の由来は、晴れ晴れとさせる、を意味する「晴るかす」という古語。超高層建築から大阪の街を見下ろす爽快感や、多彩で充実した施設による晴れ晴れとした心地よさを味わってもらいたいという思いがこもっているそうだ。

あべのハルカスはＪＲ天王寺駅前に位置し、キタ（梅田周辺）・ミナミ（心斎橋、なんば周辺）と呼ばれる大阪の二大繁華街に次ぐ商圏となることが期待されている。低層部には近鉄百貨店が入居。飲食店や広場などの面積を増やし、街のような空間を演出することで、日本一滞在時間の長い店づくりをめざしている。高層部の58～60階は三層吹き抜けの展望台「ハルカス３００」となり、東京スカイツリーの天望回廊（最高到達点４５１・２メートル）に次ぐ高さからの眺望を楽しめる。

●見上げる

立体都市のイメージ

あべのハルカスは、百貨店階、ミュージアム階、オフィス階、ホテル階、展望台と多くの層が立体的に組み合わされた「立体都市」を体現する特徴的な外観をしており、３つの四角が組み合わされたロゴマークもその外観からイメージされている。外装のほぼ全面にアルミカーテンウォールが採用され、やわらかな表情を持つフロートの合わせガラスをあしらうことで、周囲へ威圧感を与えることのない、浮遊感を演出している。日本一高いビルの屋上にはヘリポートが設置され、展望台料金と追加料金で見学することができる。

見下ろす

一気に味わう開放感

展望台「ハルカス３００」の58階には「天空庭園（上空まで吹き抜け構造、屋外広場）」、カフェダイニングなどもあり、60階は「天上回廊（東西南北３６０度ガラスを配した屋内回廊）」となっている。展望台へ行くエレベーター（ハルカスシャトル）は景色が見えないつくりで、最上階の60階に降り立ってはじめて視界が広がり、開放感に満たされる。59階はショップを備えるフロア。ハルカス３００のキャラクター、眠たげな目がかわいらしい「あべのべあ」のグッズも多数揃える。

３層に分かれた展望台からは、京都から六甲山系、明石海峡大橋から淡路島、生駒山系、そして関西国際空港なども一望できる。夜間は、光と音による空間演出が行われ、夜景鑑賞に楽しみをプラスしてくれる。

多くの層が組み合わさる外観。〔T〕

地域への影響

私鉄の雄「近鉄」のプライド

総延長約５００キロメートルの路線距離を誇る近畿日本鉄道。かつて、近畿日本鉄道本社が置かれた阿倍野は同社と縁が深く、日本一高いビルの建設は、近鉄グループの威信をかけた大規模事業である。連結決算の半分以上を占める運輸事業が、少子高齢化で伸び悩むことが予測されていることから、不動産事業と百貨店（流通）事業の強化が急務である同社。集客力のある展望台や美術館、ホテルや開かれた学びの場「ハルカス大学」といった都市機能が、低層階を占める近鉄百貨店のけん引役となることを期待されている。

トリビア……**“大人の階段を上ろう”**◎あべのハルカスでは「ハルカスウォーク 地上３００メートルの成人式」というイベントを行っている。たすきに成人の抱負を書き、１６３７段の階段を上りきった新成人全員に、展望台の年間パスポートがプレゼントされるという太っ腹な企画だ。

9

個性派タワー勢揃い

鳥取県境港市のシンボル、夢みなとタワー。〔T〕

クロスランドタワー

富山県小矢部市／１１８メートル

誕生

クロスランドおやべは、旧自治省（現・総務省）から地域間交流事業の指定を受け、１９９４（平成６）年、富山県小矢部《おやべ》市に建設された複合施設である。ここで取り上げるクロスランドタワー、円形芝生の交流ひろばやミニ鉄道、ミニゴルフ場、文化ホール、ダ・ビンチテクノミュージアムなどさまざまな施設が点在し、週末ともなると家族連れやカップルで賑わう。同タワーは、クロスランドおやべのシンボルとして建設された。最寄駅は第三セクター鉄道あいの風とやま鉄道線の石動《いするぎ》駅。タワーの北西には、火牛の逸話で知られる源平の古戦場（倶利伽羅《くりから》峠）がある。

見上げる

田園にたち上がるガラスの塔

高さ１１８メートルのクロスランドタワーの塔体は、一辺12メートルの正三角形をしたチューブ構造。フロートガラスとミラーガラスで覆われ、周囲の田園風景を映しこんで輝く。４階に相当する展望室は地上１００メートルに位置し、直径１５・４メートルの円形。タワーを眺める角度によっては、展望室がせり出して、不安定な位置にあるように見えるのが特徴だ。北陸新幹線の車窓

小矢部市のシンボル、クロスランドタワー。〔T〕

からもよく目立つ。

●見下ろす

豊富な水資源に支えられた散居村

展望室からは、ダイナミックな立山連峰を望むことができる。しかし、この展望室からの風景で特筆すべきは、散居村の存在である。散居村とは、中世末から近世にかけて発生した、田畑の中に住居が点在する村のこと。国内では、住居を1か所に密集させた集村が一般的である中、散居村は独特の風景となって現れる。タワーのたつ小矢部市や隣の砺波《となみ》市は水資源が豊富で、用水路さえ引けば日常生活にも耕作にも不自由しなかった。そのため、各戸が家の周囲を耕作し、防風林をつくってそれぞれ住居を守ることが当たり前だった。田んぼに水

クロスランドタワーから散居村を望む。〔T〕

を張る季節や、雪で田畑が白く染められる冬には、散居村独自の風景をより堪能できる。

小矢部名物「メルヘン公共建築」

小矢部市内の多くの公共施設は、世界の歴史的建築物をモチーフに建てられている。東京駅やオックスフォード大学などをモデルとした施設は「メルヘン建築」と呼ばれ、小矢部市の名物となっている。機能性とデザイン性に優れた歴史的建築物をモデルにすることで、文化的な地域づくりをめざし、子どもたちに夢を与える存在になることを意図しているそうだ。クロスランドタワーからは、これらのメルヘン建築を見ることもできる。

小矢部市のメルヘン建築の一つ、大谷中学校。塔の先端はオックスフォード大学の学生寮をモデルとしている。　提供：小矢部市観光協会

地域への影響

交流空間をめざすタワー

クロスランドという名称は、小矢部市で北陸自動車道と東海北陸自動車道が十字に交差すること、そして小矢部市の文化・芸術・経済の交流拠点となるべく命名された。その複合的な機能により、多様なイベントを展開する「交流空間」を生み出すことを目的としている。クロスランドタワーは、水田が広がる散居村の中にあってひときわ目立つ存在で、小矢部市のランドマークとして機能している。

トリビア……世代間の交流◎富山県内の5市（富山市、砺波市、小矢部市、南砺市、射水市）では「孫とおでかけ支援事業」を行っている。祖父母と孫（ひ孫）が特定の施設に一緒に来館すると、観覧料・入園料が無料になる。この取り組みにより、クロスランドタワーと敷地内のダ・ビンチテクノミュージアムは、祖父母が5市に居住していると無料になる。世代間の交流を育む取り組みだ。

小矢部川河岸から見るクロスランドタワー。〔T〕

東山スカイタワー

愛知県名古屋市／134メートル

誕生

シンボルタワーは、何かの記念事業として建てられることが多い。東山スカイタワーは、名古屋市制百周年を記念して1989（平成元）年に建設された。ただ、東山スカイタワーは、シンボルとしての役割以外の実用性を備えている。3階に無線機械室、中空部にパラボラアンテナ用デッキが設置され、名古屋市の防災行政無線を中継することで、災害時の非常連絡基地として活躍しているのだ。

はじめてコアラが来日した動物園として有名な東山動植物園に隣接する東山スカイタワー。高さは134メートルと、展望タワーとして飛び抜けて高くはないが、標高80メートルの丘の上にたっているため、全体で214メートルの高さからの眺望となる。周囲に高

三角屋根が印象的な東山スカイタワー。〔T〕

層建築がないので、地上100メートル（標高180メートル）に位置する展望室は高い人気を誇る。

実は、愛知県はタワー建築の宝庫。全日本タワー協議会に所属する20タワーのうち3塔を有し、近隣の展望タワーと構成する「TOKAI5タワーズ」のうち4塔が愛知県にたつ（名古屋テレビ塔・ツインアーチ138・すいとぴあ江南・東山スカイタワー。水と緑の館・展望タワーのみ、岐阜と愛知の県境で岐阜県側）。

見上げる

ガラスで覆われたスタイリッシュな外観。〔T〕

個性的な三角屋根

鉛筆とも称される三角屋根が印象的な東山スカイタワー。全体をガラスで覆われ、スタイリッシュな印象だ。日没後から営業終了まで、塔体の輪郭を際立たせるようにライトアップが行われており、クリスマス時期などは特別デザインで彩られる。

国内有数の夜景スポットとして

知られ、一般的に最上部に設けられることが多い展望台の上階（標高190メートル）にレストランが設けられるなど、名古屋市内の美しい夜景をじっくり楽しんでもらいたいという思いが感じられる。

展望室には「上池竜の忘れ水」という水鉢がある。「かつて東山の上池に住んでいた竜が、母を亡くし、涙に暮れる村娘に『忘れ水』を授け、悲しみから解放してくれた」という伝説にもとづいたパワースポットなのだそうだ。タワーの中に神社を設ける例は多いが、パワースポットはめずらしい。

●見下ろす

名古屋を満喫する夜景スポット

東山という丘の上にたっていることから、名古屋市内の夜景を堪能するのにふさわしいタワー

東山スカイタワーから見るナゴヤドーム。〔T〕

だ。ＪＲセントラルタワーズ、名古屋城、名古屋テレビ塔、ナゴヤドームなど、名古屋を代表するランドマークを一望のもとにできる。日中も、好天ならば御嶽山や鈴鹿山脈の山並みを眺められ、眼下には歴史ある東山動植物園をはじめとした四季折々の東山の風景を楽しむことができる。

地域への影響

市民とともに平成を歩む

１９８９（平成元）年に誕生し、名古屋市民とともに平成の世を歩んできた東山スカイタワー。１９３７（昭和12）年に開園した「東山動物園（現・東山動植物園）」と一体となり、名古屋市民の憩いの場を形成している。名古屋市が主催する「名古屋まちなみデザインセレクション」のまちなみデザイン20選（第１回）に「東山新池からみた東山公園と東山スカイタワー」が市民投票で選定されるなど、東山のみならず、名古屋のシンボルタワーとして認知されている。

トリビア……**東山動植物園**◎東山スカイタワーに隣接する「東山動植物園」は、間もなく開園八十周年の歴史ある動植物園。戦時中、全国の動物園で動物が殺処分される中、園長をはじめとした職員の必死の努力でゾウ2頭とわずかな動物を生かしたことで知られる。戦後、ここにしかいないゾウを見るため「ゾウ列車」に乗り、来園する全国の子どもたちに夢を与えた当園は、名古屋市民にとって特別な存在だ。

木曽三川公園「ツインアーチ138」

愛知県一宮市／138メートル

誕生

水と緑の館・展望タワーでも取り上げた木曽三川公園は、愛知、岐阜、三重の3県にまたがる日本最大の国営公園。その中の三派川《さんぱせん》地区「138タワーパーク」のシンボルタワーが、ツインアーチ138である。三派川というのは、愛知県一宮市流域で3本に分かれる木曽川分流の呼称である。

1995（平成7）年に竣工したツインアーチ138は、正に名は体を表す、高さ138メートルのアーチ型タワーだ。アーチ型タワーとしては、アメリカ合衆国ミズーリ州、セントルイス市のシンボル「ゲートウェイ・アーチ」の192メートルに次ぐ高さである。両タワーは姉妹タワーとしても知られ、園内には、ゲートウェイ・アーチの約20分の1サイズの

木曽三川公園にたつツインアーチ138。〔T〕

「セントルイスゲート」が設置されている。

ツインアーチ138の数字の由来は、江戸時代中期、日用品の交換や、その後も一宮の主産業となる綿織物の売買がされた「一宮の三八市《さんぱちいち》」だという説もあるが、公式ホームページには「一宮市にちなんで」とされている。いずれにせよ、語呂合わせで親しみやすい名前には違いない。

●見上げる

木曽三川をイメージしたシルエット。〔T〕

タケノコ工法で伸びたタワー

高さが異なる2本の双曲線アーチと、中央のエレベーターシャフトが3本のラインをなし「木曽三川の雄大な流れ」を象徴している。建設の際には、タワー頭部を地上で作った後にジャッキアップして、下部を順次継ぎ足していくというリフトアップ工法が採用され、19回のリフトアップを経て完成に至った。この工法は東京スカイツリーのゲイン塔引き上げや、梅田スカイビルの空中庭園部分引き上げなどにも使用されており、「タケノコ工法」というユニークな名でも知られている。

澄み切った白色と独特の形状が美しく、ライトアップに映える。ツインアーチ１３８は天気予報ライトアップを行っており、快晴は白、晴れはオレンジとピンク、曇りはグリーンとイエロー、雨はパープルとブルーを30分おきに点灯させている。

見下ろす

濃尾平野を一望

展望階は地上１００メートル。濃尾平野の田園風景を一望でき、岐阜城や小牧城、桜並木である「木曽川堤（御囲堤《おかこいづつみ》の一部）」など歴史を感じさせる風景も見ることができる。御囲堤は、江戸時代に尾張国（愛知県）を水害から守るためにつくられた堤防で、諸説あるが、この

展望室から見下ろす木曽三川公園と木曽川（左）。〔T〕

堤防の造成以降、水と緑の館・展望タワーがある岐阜県側は洪水に悩まされ続けたというから、同じ国営公園内で明暗分かれた歴史を感じる。

タワーの足元にある「風紋の広場」には、138タワーパークの夏の風物詩となっている「巨大気温グラフ」が設置されている。夏休み期間の天気と気温が一目でわかり、昨年の同時期との比較もできる。広大な公園には、芝生広場や「ローズストリーム」というバラ園、日本初の本格的な植栽庭園迷路である「ピサニの迷路」が広がる。

●地域への影響

モータリゼーションを前提としたレジャー

138タワーパークに公共交通機関を利用して来場しようとする場合、名鉄一宮駅及びJR尾張一宮駅前からバス利用となる。つまり、基本的には自家用車での来場を見込んでいるのだ。138タワーパークが属する木曽三川公園の設置趣旨説明によると、「木曽川・長良川・揖斐川の木曽三川が有する広大なオープンスペースと豊かな自然環境を活用し、東海地方の人々のレクリエーション需要の増大と多様化に対応するために設置された公園です」とされている。

このように、東海地方の人々のために造成された公園なのだ。イベントも多く開催され、地域住民にとって欠かせない場所となった138タワーパーク。ツインアーチ138は、地域の広場にたち、アイ・ストップとしての役割を担っている。

梅田スカイビル「空中庭園展望台」

大阪府大阪市／173メートル

●誕生

海外からの高い評価

イギリスの有名図鑑出版社、ドーリング・キンダースリーは、2008（平成20）年に「世界を代表する20の建造物」を発表した。ローマのコロッセオやバルセロナのサグラダ・ファミリアなど世界遺産級の名建築と並び、大阪の梅田スカイビルが選ばれたことは、当時驚きをもって受け止められた。

JR大阪駅の北西にある再開発地区にたつ梅田スカイビルは、大阪駅から徒歩10分というやや離れた場所にあり、展望施設としては人気があったものの、建築物自体はさほど注目を集めていなかったのだ。ところが、2014（平成26）年度の外国人入場者数は全体の43パーセントを占める約42万人と、年々増加を続けてい

梅田スカイビルの頂上にある空中庭園展望台。

る。世界中どこにも見つからないその独特の形状は、海外から高い評価を受けることとなった。

インパクトのある意匠設計は、京都駅舎や札幌ドームを手掛けた原広司《はらひろし》氏によるものだ。人類が普遍的に抱いてきた「空中庭園への願望」を現代の都市に実現しようとデザインされた。オープンエアの展望フロア「空中庭園展望台」へと続くエレベーターやチューブ型の空中エスカレーター、建物を結ぶ空中ブリッジなどがまだ見ぬ未来都市を思わせる。

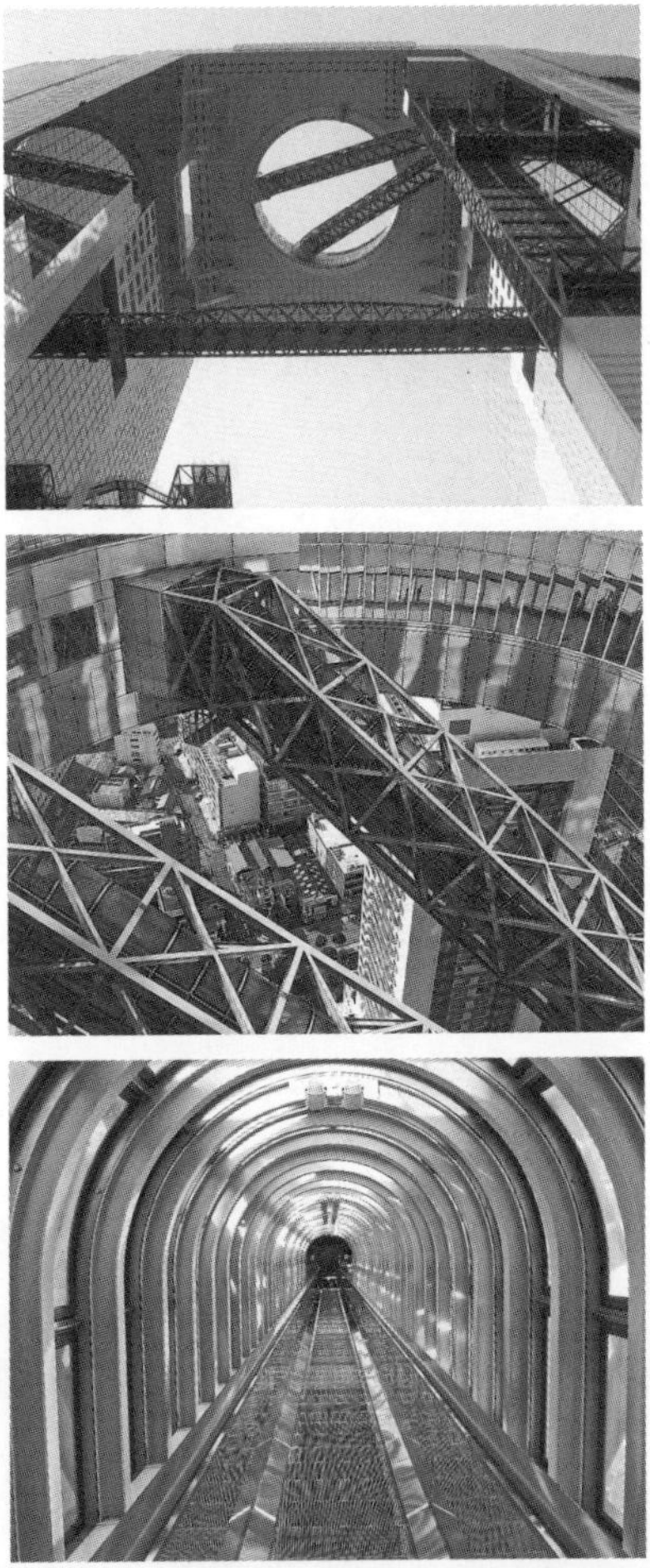

下から見上げた空中庭園展望台（上段）、空中エスカレーター外観（中段）、空中エスカレーター内部（下段）。〔T〕

●見上げる

空へ上った庭園

梅田スカイビルは、２棟の超高層ビルを地上１７０メートル地点で結びつける連結超高層ビルである。2棟の間にある巨大な吹き抜け空間には、空中エスカレーターや空中ブリッジが設置され、空中を自由に行き来することができる。ガラスのカーテンウォールには空が映り込み、空中庭園が浮遊して見えるように工夫されている。

空中庭園の設置には、基本的な部分を地上で組み立て、ワイヤーで丸ごと吊り上げて固定する「リフトアップ工法」が採用された。54メートル角の大きな展望フロアは、約10時間という短時間で上空まで持ち上げられて設置された。

見下ろす

大阪のエネルギーを体感

360度開けたオープンエアの屋上回廊「スカイ・ウォーク」からは、開放感を感じながら西日本最大の都市大阪のダイナミックな風景を楽しむことができる。阪急電車が三方に走っていく淀川方面の

空中庭園展望台「スカイ・ウォーク」より淀川を望む。〔T〕

景色も人気が高い。夜間は足元が「ルミ・スカイ・ウォーク」というイルミネーションに彩られ、幻想的な雰囲気。大阪の超高層ビル群を望む南側の風景や、再開発エリア「うめきた」や大阪ステーションシティ、商業施設が一望できる。晴れた日には、明石海峡大橋や淡路島が見え「日本の夕陽百選」に選ばれている夕景は必見だ。

●地域への影響

待たれる梅田の一体開発

梅田スカイビルの建築物としてのインパクトは多大であり、開業20数年を経た空中庭園の年間入場者数は開業当時に匹敵するなど、その人気は衰えていない。しかし、梅田スカイビルをシンボルとする再開発エリア「新梅田シティ」は、長年繁華街から孤立していた。建設当時、JR大阪駅の北側には貨物列車基地があり、梅田スカイビルへは、歩行者専用の地下歩道で基地を横切るしかなかった。

大阪ステーションシティにおいても触れたが「うめきた」と呼ばれる大阪駅北地区の再開発は、今なお続けられている長期事業だ。開発の進捗とともに、新梅田シティとJR大阪駅や各線梅田駅との連携性と回遊性が高まり、梅田スカイビルが名実ともに大阪都心部のランドマークとなることは疑いない。

夢みなとタワー

鳥取県境港市／43メートル

●誕生

旧通商産業省（現・経済産業省）により、12回にわたって開催された地方博覧会「JAPAN EXPO」。第7回は1997（平成9）年、鳥取県境港市で開催された。「山陰・夢みなと博覧会」と題された博覧会は、古くから日本海沿いの国々と交流を持ち、西日本における環日本海交流の拠点をめざす県民の熱意や努力を国内外の人々に体験、共感してもらうことが目的であった。

そのシンボルタワーとして建設されたのが夢みなとタワーだ。鳥取県や環日本海諸国を中心とする自然や歴史、文化の紹介を行い、鳥取県の観光を盛り上げるという役割を与えられ、今なお境港市の観光名所として機能している。タワーは、喫茶店や大正・昭和初期の懐かしい雰囲気を再現した「みなとまち商店街」、多目的ホールなどが備

鳥取県境港市のシンボル、夢みなとタワー（奥）。〔T〕

えられたドームとつながっている。

●見上げる

県産杉材に感じるぬくもり

ひょうたんのような形に曲線を描くフォルムが美しく、タワー建築に多用されるハーフミラーではなく、全面が透明のガラス張りなので、外から中の構造がよく見える。白い骨組みが複雑な模様を描く様子は、エントランスロビーから眺めると圧巻だ。引っ張りに強い部材と圧力に強い部材を力学的に組み合わせる「テンセグリティ」という構造を用いた建物として、世界一の高さを誇る夢みなとタワー。この構造は、社会と自然環境にかかる負担を最小限に抑え、効率を最大限に高めた構造物をつくろうとしたアメリカ人建築家バックミンスター・フラーが考案した。

夢みなとタワーのもう一つの外観的特徴は、建築材として木を使っていることである。鳥取県日南町の杉集成材は、強くて狂いが少ないことから、タワー建築を可能にした。デザインのアクセントとなっていることはもちろんのこと、鉄骨づくりのタワーに温かみを与え、やさしい雰囲気を醸し出している。

施設全体は、日本海に飛び立つ鳥をデザインのモチーフとしており、展望室は、対岸諸国に向かう「交流の船」をイメージした舟形で、斜めにすぼまった総ガラス張りなので真下も見やすい。

見下ろす

鳥取から島根の魅力が詰まった風景

展望台の高さは地上37メートルと、今まで取り上げたタワーの中でも低い部類に入るが、その時々で表情を変える日本海、中国地方の最高峰である大山をはじめ、美保湾から島根半島、境水道大橋、弓ヶ浜、中海、米子市街、皆生《かいけ》温泉まで一望することができる。ユニークな風景では、自動車のCMで有名になった「べた踏み坂（江島《えしま》大橋）」やキューピー人形が横たわった形に見えるという「キューピー山（頭が和久羅山《わくらさん》、体が嵩山《だけさん》）」が有名だ。国内有数の漁港であり、水木しげるロードを有し、妖怪の街としても知られる境港市の町並みも望むことができる。

地域への影響

地域住民からも愛されるスポット

夢みなとタワーは「山陰・夢みなと博覧会」終了後も保存され、境港市のシンボル、ひいては鳥取県の観光名所となった。博覧会の会場跡地は「日本海と大山がいちばん美しいみなと」を基本コンセプトとした「夢みなと公園」として再始動。新たな観光拠点施設となった。タワーの隣には、西日本最大級の海産物専門直売所「境港さかなセンター」やさかなセンター直営の食事処「美なと亭」、展望露天風呂が備えられた日帰り入浴施設「みなと温泉 ほのかみ」が揃い、多数のイベントを行う夢みなとタワーの求心力をより高めている。

瀬戸大橋タワー

香川県坂出市／132メートル（避雷針）

誕生

四国の悲願「瀬戸大橋」を見下ろす

香川県坂出市番《ばん》の州《す》にたつ瀬戸大橋タワーは、回転しながら昇降する、めずらしいタイプの展望塔だ。1988（昭和63）年の瀬戸大橋開通を記念して開催された「瀬戸大橋博覧会」のアミューズメント施設として建設された。

かつては全国に20か所ほど設置され、アトラクション感覚で眺望を楽しめる回転式展望タワーであるが、運行コストと維持費がかさむことが大きなネックとなり、数を減らし続けている。そうした中、現役で運行を続けている回転式展望タワーの中では、世界一の高さ132メートルを誇っている。その名の通り、瀬戸内海をまたにかける瀬戸大橋の姿を鑑賞することを目的としている。

博覧会の会場は瀬戸大橋記念公園として整備され、現在は周辺エリアもふくめ「アートポート瀬戸大橋」という愛称で親しまれている。東山魁夷《ひがしやまかいい》せとうち美術館がすぐそばにあることや、3年に一度開催される「瀬戸内国際芸術祭」の開催も影響しているようだ。

見上げる

ぐるり空の旅

塔体をぐるりと囲むようなキャビンが、右回りに回転しながら昇降する瀬戸大橋タワー。窓に面するように座席が並び、100人乗ることができる。およそ2分で1回転して、地上108メート

展望室が回転しながら昇降する瀬戸大橋タワー。〔T〕

ルにたどり着くと、その場で約3回転。全体で所要時間約10分と、じっくり味わうには短い時間のように感じられるが、瀬戸内海の美しい風景や、今なお色あせない優雅で壮大な瀬戸大橋の魅力をさまざまな角度から堪能できる。

見下ろす

島々をつなぐ瀬戸大橋

眼下には瀬戸大橋記念公園、瀬戸大橋はもちろんのこと、番の州工業地帯、五色台、大鎚小鎚、晴天時には屋島を見ることができる。讃岐山脈や、瀬戸大橋がつなぐ与島、岩黒島、櫃石島《ひついしじま》、鷲羽山《わしゅうざん》なども視野に入る。鷲羽山は、本州側の瀬戸大橋鑑賞ポイントとして有名である。

瀬戸大橋を電車が通過する際、橋と共鳴した音が響いてくる。テクノランドマークが生み出すサウンドスケープだ。

地域への影響

20世紀を代表する大型プロジェクト

瀬戸大橋は、本州側の鷲羽山から島々を経由して四国の番

瀬戸大橋タワーより瀬戸大橋を望む。〔T〕

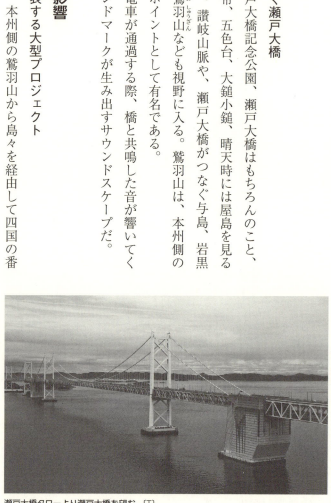

の州まで続く道路・鉄道併用橋のうち、海峡部にかかる9・4キロメートルの橋梁群の総称だ。なんと、１８８９（明治22）年には、香川県議会議員の大久保諶之丞《おおくぼじんのじょう》が本州と四国を結ぶ架橋構想を述べており、本州と四国を結ぶ橋の重要性は、古くから認識されていた。

　時は流れ、１９５５（昭和30）年、修学旅行生を乗せた国鉄宇高連絡船「紫雲丸《しうんまる》」が衝突事故を起こした。１６８名の人命が失われたことを契機に、旧建設省（現・国土交通省）がルートの選定を目的とした調査を開始する。その後本州四国連絡橋公団が設立され、オイルショックによる着工凍結などの苦難を乗り越えながら、現在の瀬戸大橋となる「児島・坂出ルート」を早期完成させることが決まった。瀬戸大橋は、世界でも類を見ない長さの道路・鉄道併用橋として、１９７８（昭和53）年ようやく着工。約9年6か月の奮闘を経て、１９８８（昭和63）年に開通した。

　その国家的事業の開通式は華々しく行われ、香川県と岡山県で行われた瀬戸大橋架橋記念博覧会において、香川県側には、一日瀬戸大橋を見ようと約３５０万人が来場した。瀬戸大橋タワーももちろん、シンボルタワーとして活躍した。

トリビア……芸術家の提案◎坂出市櫃石島が祖父の出身地というゆかりから、瀬戸大橋タワーの間近に整備された「東山魁夷せとうち美術館」。東山画伯は「景観を壊さない色を」と、瀬戸大橋の色にライトグレーを提案し、その通りに塗装されたそうだ。

プレイパークゴールドタワー（ゴールドタワー）

香川県綾歌郡宇多津町／158メートル

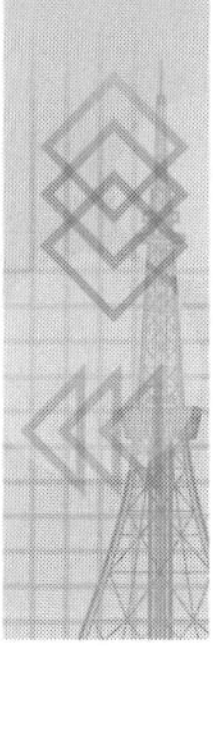

誕生

瀬戸大橋タワーのある坂出市と、丸亀市に挟まれた小さな町、宇多津町《うたづちょう》にたつプレイパークゴールドタワー（以下、ゴールドタワー）。1988（昭和63）年に竣工したゴールドタワーは、現在アジア向けの衛生用品の製造販売で拡大を続けるユニ・チャームが建設した。1988年といえば、瀬戸大橋開通の年である。ユニ・チャーム創業の地は、隣の愛媛県。瀬戸大橋開通を契機に新展開を迎えるであろう、四国の産業や観光の振興に寄与することを目的に、創業者が出資を決意した。

開業当時は、瀬戸大橋への観光客や地元からの集客で客足は伸びたが、間もなく訪れたバブル崩壊、そして明石海峡大橋やしまなみ海道の開通で、瀬戸大橋の交通量が分散した影響を受け、リニューアルを重ねた経営努力もむなしく、2001（平成13）年、営業が停止された。

その後、地元香川で各種サービス業を営む味匠《あじしょう》が借り受けて改装（現在は同社が所有）、2004（平成16）年にプレイパークゴールドタワーという名で新たなスタートを切った。かつて、純金製トイレやスリッパが名物であった「世界のトイレ館」は閉鎖され、現在はキッズランドなど、家族連れが楽しめるアミューズメント施設となっている。タワーにもさまざまな遊具やアトラクションが設置され、子どもの遊び場として人気を博しており、観光客から地元客へのターゲット変更が功を奏した。

見上げる

潮風に耐えるミラータワー

高さ158メートルで、一見ビルのようだが、中は空洞の純粋なタワー建築である。外から見るとゴールド、中からは透明に見えるゴールドハーフミラーを約7000枚使用している。

海辺のタワーに、ハーフミラーやガラスで覆われたタイプが多いのは、潮風で腐食しやすい鉄骨造が不向きであることが主な理由として挙げられる。鉄骨のさびを防ぐためには数年ごとに塗装し直す必要があるが、高所での作業はコストがかかる。潮風にさらされる

復元された塩田とプレイパークゴールドタワー。〔T〕

タワーはおのずとその作業が増えるため、塔をガラスで覆ったタワーが登場したのだ。かつて一大製塩地でもあった宇多津、この仕様は納得だ。

その分、風の影響を受けやすいため、制振装置を備えたタワーも多い。ゴールドタワーは、アクアダンパーという制振装置を備えている。

見下ろす

瀬戸内海を望む

展望室は127メートルに位置し、瀬戸内海を一望できる。瀬戸大橋や、宇多津町、丸亀市の街並みが見渡せ、特に、瀬戸内海に沈む夕日は見もの。週末や祝祭日には、ライトアップされた瀬戸大橋を見ることができるので夜景もおすすめだ。タワー自体もライトアップが行われ、翌日の天気予報が晴れなら緑、曇りか雨なら青色に光る。宇多津町の聖通寺《しょうつうじ》山にある施設で結婚式があると、緑と青のライトアップで祝福する演出があるそうだ。

地域への影響

製塩の町からの脱却

宇多津は、かつて塩の町だった。明治時代から本格的に製塩業がはじまり、海岸線は塩田で埋め尽くされた。しかし、天候に左右されやすい入浜式での製塩業は苦労続き。それでもなんとか工夫を重ねていたが、1972(昭和47)年、塩田・製塩業すべての操業停止を迎えた。その6年ほど前に「イオン交換膜法」という、製塩法が編み出されたことが、宇多津の塩田を広大な空き地に変えた。

当時、町の3分の1もの人数が失業することとなった一大事、宇多津町は塩田跡地を商業施設や観光施設の開発エリアに充て、香川県一の人口密度を誇る町へと発展を遂げた。ゴールドタワーはまさに、製塩の町からの新たな一歩を踏み出すためのプロジェクトだったのだ。

トリビア……**「うどん県」に生まれて**◎ゴールドタワーのキャラクター「タワー君」。不憫なほどストレートな名前だが、讃岐弁をしゃべるLINEスタンプがつくられるなど、愛されている。もちろん、うどん好きらしい。

福岡タワー

福岡県福岡市／234メートル（避雷針）

誕生

福岡空港から中心部への交通アクセスは、博多駅まで地下鉄でわずか5分、博多一の繁華街、天神までは11分と、ほかの大都市圏とは比較にならないほど快適だ。その代わり、航空法の定めによって建築物の高さ制限が厳しく、博多都心部では超高層建築が見られない。福岡タワーがたつ埋立地「シーサイドももち」の高さ制限は、都心部より緩和されて150メートルである。

しかし、福岡タワーは高さ234メートル。福岡タワーの個性的な形状の理由は、この高さ制限で説明できる。高さ234メートルのうち、テレビやラジオ放送のアンテナである鉄塔が84メートルを占め、塔体は150メートル。航空機の進入方向ではないことや、電波塔としてのアンテナであることなどが考慮され、特例として建設が認められたのだ。

福岡タワーが落成したのは1989（平成元）年。福岡市制百周年を記念したアジア太平洋博覧会（よかトピア）の開幕に合わせる形で営業がはじまった。テレビ塔の移転構想と、「よかトピア」のパビリオン建設を企画していた福岡市の思惑が一致し、電波塔兼観光・展望タワーの建設が決まった。福岡タワーは、よかトピア終了後も電波塔、展望タワーとしての役割を担い、都心の風景を一望できるスポットとして人気を博している。

●見上げる

イルミネーションが映えるシャープなタワー

ハーフミラーを８０００枚使用し、断面が正三角形でスタイリッシュな印象の福岡タワー。正面から見える白い正三角形は、福岡市章をイメージしているそうだ（余談だが、福岡市章は、福岡《フクオカ》のフを９個組み合わせて〈フ・ク→福〉を表していて、非常にセンスがいい）。

正面より福岡タワーを見上げる。〔T〕

総高は２３４メートルありながら、展望室の最上階は地上１２３メートルに過ぎない理由は前述の通りである。ただ、超高層建築が見られない福岡市にとって、貴重な展望スポットとなっている。

ロビーから１０８メートルまでは吹き抜けであり、骨組みの美しさをエレベーターホールから見上げることができる。全長84メートルのアンテナ部分には、テレビ・ラジオの放送アンテナのほか、パラボラアンテナや消防カメラなどが搭載されている。

福岡タワーは、イルミネーションにも力を入れており、二十五周年を迎えた２０１４（平成26）年に行ったフルカラーＬＥＤへのリニューアルで、クリアな光を放っている。光の粒が砂時計のように落ちて正時を知らせるスタンダードなライトアップや、クリスマスや天の川、バレンタインなどのイベントには特別なライトアップが行われる。「サザエさん発案の地」である百道《もも ち》にちなんだ「サザエさんイルミネーション」も気になるところだ。

●見下ろす

博多の夜景、日本海の夕景

九州一の繁華街、博多、天神方面の夜景観賞スポットとして人気の福岡タワー。よかトピアの跡地として開発された「シーサイドももち海浜公園」や百道浜地区を間近に見下ろすことができる。

中でも、「21世紀に伝えたい福岡の宝物」でナンバー1となった、海に浮かぶウォーターフロント施設「マリゾン」がアクセントになっている。南には脊振《せふり》山系、北に博多湾、晴天の日は、能古島《のこしま》や金印発見地として知られる志賀島《しかのしま》が望める。日本海に面するタワーの特権として、海を輝かせながら沈む夕日が見られる。

●地域への影響

シーサイドももち地区のシンボル

中心部より高層化が進み、福岡の副都心となったシーサイドももち地区。福岡市総合図書館、福岡市博物館などの文化施設、各種放送局、福岡ヤフオク!ドームなどのレジャー施設を備え、都会的賑わいを残した人工のビーチは福岡市民にとって欠かせない場所となった。その百道浜地区のシンボルタワーは、その際立った高さや美しいイルミネーションにより、福岡市民自慢のスポットとなっている。

福岡タワーから望む市街地。〔T〕

フェニックス・シーガイア・リゾート「シェラトン・グランデ・オーシャンリゾート」

宮崎県宮崎市／154メートル

●誕生

バブル経済に沸く1987（昭和62）年に成立した「総合保養地域整備法」。通称リゾート法は、国民にゆとりある余暇を提供し、地域の振興を図り、民間活力により内需を拡大するという理念のもと、「良好な自然条件を有する土地を含む相当規模の地域」でのリゾート施設の整備を目的に制定された。「相当規模の地域」と謳われているだけあり、リゾート法成立以降、全国にリゾート開発ブームが巻き起こった。なんと、最終的に41道府県が開発構想を立ち上げるほどの熱狂ぶりだった。

しかし、リゾート法をきっかけにした開発で、成功を収めた事例はきわめて少ない。バブル経済に乗じて過大な計画を進め、経営感覚が希薄だった地方自治体や企業、金融機関の法外な貸付など、さまざまな要因が重なった結果のバブル崩壊は、致命的だった。

全国各地のリゾート開発を「リゾート法の失敗」という一言で片付けることもできる中、今もなお、その動向に注目が集まる場所が存在する。リゾート法の指定を最も早く受けた「宮崎・日南海岸リゾート構想」、つまり、フェニックス・シーガイア・リゾート（以下、シーガイア）だ。

シーガイアは、名門ゴルフコース「フェニックスカントリークラブ」を擁する一ッ葉地区に建設が進められた。全天候型プール「オーシャンドーム」を中心に、ホテル・オーシャン45やさらなるゴルフコースなどを造成し、1994（平成6）年に全面開業となった。

日南の白砂青松を切り開いて進められた開発は、総事業費約2000億円という規模に膨れ上がった。設備や周辺環境こそ世界レベルであったが、その後一度も黒字を計上することなく、2001（平成13）年に第3セクターとしては過去最大となる3261億円の負債を抱え、会社更生法の適用が申請された。前年の2000（平成12）年には、サミット外相会合まで開かれながら、全面開業からわずか6年4か月という短命だった。

同年に米投資会社に買収され、ゴルフや温泉といった施設を拡充。経営状況が安定した後、2012（平成24）年には、セガサミー

シーガイアの中央にあるシェラトン・グランデ・オーシャンリゾート。〔T〕

ホールディングスが完全子会社とした。稼働率は上昇しつつあるが、当時鳴り物入りで建設された「オーシャンドーム」の解体も予定され、いまだその命運は定まらない。

見上げる

九州一の高さを誇る超高層ビル

シーガイアの中央に位置する「シェラトン・グランデ・オーシャンリゾート」は、高さ154メートル、43階建てのホテルで、九州一高い建築物である。プリズム型と称される三角柱状の建物で、全客室が太平洋に面している。駒沢オリンピック体育館や池袋の東京芸術劇場を手掛けた建築家、芦原義信《あしはらよしのぶ》が設計を担当した。

最上階にあたる43階は、かつて有料の展望フロアであった。現在、屋上にコミュニティ放送局「宮崎サンシャインエフエム」の送信所を備えるなど、電波塔としての役割も担っている。

見下ろす

海の青と松の緑にいやされる

客室からは、その時々で表情を変える雄大な太平洋を一望できる。太平洋からの日の出は絶景とされ、昼間の抜けるような青空と海のコントラストも魅力的だ。満月の夜には月光が海に光の道をつくるそうだ。開発されたとはいえ、東京ドーム約150個分という広大な松林の緑は目にまぶしく、名門ゴルフコースと松林、太平洋が織りなすダイナミックな風景に開放感を感じる。建物ではないが、眼下の黒松林を舞台にしたイルミネーションも行われている。

●地域への影響

利用者拡大に向けて

現在は、充実した設備を生かし、国内の富裕層、中国・韓国を中心とした海外観光客に向けた、総合的な高級リゾートを提案している。また、コンベンション機能の強化にもつとめている。

しかし、当時の入場料がディズニーランドよりも高額であったシーガイア。県外客を主なターゲットとした結果、平日は閑古鳥が鳴き続けた。その反省から現在では、地元にも開かれた存在として、ナイトマーケットやバーベキュー、天体観測などのイベントも行っている。

トリビア……うたかたのオーシャンドーム◎解体予定のシーガイアのメイン施設「オーシャンドーム」。４２０億円かけて建設された全天候型プールは、長さ３００メートル、幅１００メートル、高さ38メートルという規模のみならず、大理石を砕いてつくった人工ビーチや造波プールを備えるなど、その設備はまさにバブリーであった。

大観音タワー（高崎白衣大観音）

群馬県高崎市／41・8メートル

　これまで、タワーは地域のランドマーク的存在であると述べてきた。そうなると、忘れてはならない存在が全国各地に点在していることに気が付く。大観音像である。宮城県の仙台大観音、香川県の小豆島大観音、所有者不在で時折ニュースに取り上げられる淡路島の世界平和大観音像……。胎内巡りと称して像の中を上ると、展望窓から眼下の風景を見下ろすこともできる。全国にはこのような大観音像が数多く建設され、その高いアイ・ストップ効果から、タワーといっても差し支えない存在となった。

　群馬県高崎市の観音山にたつ白衣《びゃくえ(い)》大観音は、2000（平成12）年に国登録有形文化財に指定された（名古屋テレビ塔や別府タワーと同じである）。同県の郷土かるた「上毛《じょうもう》かるた」にも「白衣観音慈悲の御手《みて》」という札があるほど、地域に親しまれた存在である。1934（昭和9）年、かつて高崎市に本社を置いていた建設会社、井上工業の創業者井上保三郎《いのうえやすさぶろう》は、昭和天皇から産業奨励の功労を称えられるという名誉に浴し、「この光栄を多くの人々と分かち合いたい」という思いから、観音像の建設を決意。「高崎歩兵第十五連隊戦没者の慰霊供養」「国民思想善導」「観光高崎の建設」

高崎市の観音山の山頂、標高190メートルの地点にある白衣大観音。〔T〕

横から見た白衣大観音と井上保三郎の銅像（左隅）。〔T〕

を目的とした白衣観音像が、1936（昭和11）年に完成した。当時高さ日本一となる41・8メートルの像が標高190メートルの観音山山頂に建てられたため視認性も高く、高崎市のシンボルとして人々の心に刻みつけられている。個人の思いからはじまった事業であるが、1937（昭和12）年には「高崎観光協会」が設立され、観光客の呼び込みにも大きく貢献してきた。建立八十周年を迎えてなお、白衣大観音は高崎市のランドマークとして存在感を高めている。

「上毛かるた」の白衣大観音の札。

おわりに

　ランドマークに興味を持ちはじめてから、各種のランドマークを取り上げ、その意味（ミーニング）を考えてきた。具体的には山、城郭、大観音像、タワー、ランドサイン、花時計などである。その成果の一部を『地域とランドマーク』（古今書院）にまとめた。

　本書で取り上げたタワーは、人間の技術発達に支えられたテクノランドマークの歴史といっても過言ではない。イギリスのダービー父子により近代的製鉄法が確立され、その地に世界最古の鉄橋・アイアンブリッジ（世界遺産）がつくられた。奇しくもエッフェルは鉄橋設計の技術者であり、エッフェル塔は鉄橋が垂直に形を変えて組み立てられたものとも考えられる。

　その技術は時代とともに進化・変化し、世界各地のタワーやビル建設に結びついた。さまざまな意図でつくられたタワーだが、「見る・見られる」存在として地域におけるランドマークとなり、人々の感性に大きな刺激をもたらした。

　この間、私自身もランドマークを求めて各地に出かける機会に恵まれ、自らの視野も広がったように感じる。そこで思ったことは、ランドマークが地域の中で根付きシンボルとなる例が多く、人々の営みを反映する存在だということだった。

　以前、関西を夜出航する宮崎行きのフェリーに乗船したことがある。朝目覚めてデッキに出ると、遠くにシーガイアが見えた。青い空と海、白い建物のコントラスト、その姿が次第に大きくなるのをずっと眺めていた。ランドマークがアイ・ストップになることを実感した。

また、高校の通学時、中央線阿佐ヶ谷駅のホームから見た景色も忘れられない。新宿方向を見ると、少しずつ高くなっていく京王プラザホテルが確認できた。どこまで高くなるのか、わくわくしながら眺めていた記憶が蘇る。

この度、タワーについて改めて考える機会が得られたことは幸いだった。鉄塔や高層建築物がさまざまな意図でつくられ、地域アイデンティティを表象するものだと再認識できた。タワーから見える海や山そして街の景色は新鮮な感動を与えてくれる。これからも多くの意味あるタワーが生まれるのだろう。その時代を生きる者として喜び、楽しみたいものだ。

なお、本シリーズの「ニッポン再発見」を実現するために、リサーチ及びライティングをフリーライターの岡島梓氏に依頼した。特にタワーのトリビア探しに大いに力を発揮してくれた。同氏の協力無しには本書が完成しなかったものと感謝したい。

そして、エヌ・アンド・エス企画の稲葉茂勝社長には激励とともに、編集・制作の世界を垣間見させていただき、こどもくらぶの皆さんには丁寧なメールのやり取りとともに、企画・編集の一切を担当していただいた。最後になるが、この本を発行してくださったミネルヴァ書房の杉田啓三社長に深く感謝申し上げる。

２０１６年６月

津川　康雄

福井県

東尋坊タワー……iii、141、142

岐阜県

水と緑の館・展望タワー……iii、63、64、65、216、219、222

静岡県

アクトタワー……107、108、110

愛知県

JRセントラルタワーズ……ii、179、180、181、182、218
ツインアーチ138……64、216、219、220、221、222
名古屋テレビ塔……viii、8、13、14、18、20、36、37、38、39、40、41、42、76、162、168、216、217、218、246
東山スカイタワー……215、216、217、218

京都府

京都タワー……iii、v、69、70、71、72、73、77、150

大阪府

あべのハルカス……58、80、205、206、208
大阪ステーションシティ……184、186、187、188、226
空中庭園展望台……i、150、220、223、224、225
通天閣……iii、vii、12、14、18、76、77、78、79、80、81、82、150、163、168、170

兵庫県

神戸市役所本庁舎……96、97、99、100
神戸ポートタワー……viii、132、145、146、147、148、149、150

鳥取県

夢みなとタワー……iv、227、228、229

山口県

海峡ゆめタワー……v、vii、111、112、113、114、115、116

香川県

瀬戸大橋タワー……iii、230、231、232、233、234
プレイパークゴールドタワー(ゴールドタワー)……vii、234、235、236、237

福岡県

博多ポートタワー……iv、14、15、162、163、164、165、168
福岡タワー……165、238、239、240、241

長崎県

針尾無線塔……iv、74、75

大分県

別府タワー……iii、14、18、163、168、169、170、171、172、246

宮崎県

シェラトン・グランデ・オーシャンリゾート……242、243、244

タワーさくいん

※ローマ数字は巻頭カラー特集のページ数、算用数字は本文のページ数。
＊は2016年7月現在、すでに存在しないタワー。

北海道

五稜郭タワー……ii、v、50、51、54、55、155
さっぽろテレビ塔……8、9、10、11、12、13、14、18、168、175、176、177、178
JRタワー……174、175、176、177、178
北海道百年記念塔……44、45、46、47、48、49

青森県

青森県観光物産館アスパム……ii、v、152、153、154、155、156、157

福島県

いわきマリンタワー……118、119、120、121、122

茨城県

茨城県庁舎……91、92、95

栃木県

栃木県庁舎……iv、92、93

群馬県

群馬県庁舎……94、95
大観音タワー（高崎白衣大観音）……246、247
未来MiRAi……v、158、159、160、161

千葉県

千葉ポートタワー……v、vi、127、128、129、130
銚子ポートタワー……v、123、124、125

東京都

霞が関ビルディング（霞が関ビル）……190、191、192、193、194
東京スカイツリー……i、iv、vii、viii、25、26、27、28、29、30、31、32、33、34、88、129、138、160、161、206、220
東京タワー……i、viii、14、15、16、17、18、19、20、21、22、23、24、25、26、29、36、39、60、73、88、129、132、168、198、202、203
東京都庁……vi、84、85、86、87、88、90
日本テレビ塔＊……24
丸の内ビルディング（丸ビル）……195、196、197、199
凌雲閣《りょううんかく》（浅草十二階）＊……34、35
六本木ヒルズ森タワー……200、201、202、203、204

神奈川県

江の島シーキャンドル……vi、136、137、138、139、140
横浜マリンタワー……61、69、131、132、133、134、135
横浜ランドマークタワー……ii、56、57、58、59、61、62、87、132、138、205

新潟県

万代島《ばんだいじま》ビル……102、103、104、105、106

富山県

クロスランドタワー……v、210、211、212、213、214

全国タワーマップ

本書で紹介した日本各地のタワーを都道府県別に示しています。

タワーデータ凡例
タワー名称
所在地／高さ

※ ＊は、2016年7月現在、すでに存在しないタワー。
★は、全日本タワー協議会加盟タワー。

北海道百年記念塔
北海道札幌市／100m

青森県観光物産館アスパム
青森県青森市／76m

いわきマリンタワー
福島県いわき市／59.99m

栃木県庁舎
栃木県宇都宮市／81.8m

茨城県庁舎
茨城県水戸市／116m

未来MiRAi
群馬県邑楽郡邑楽町／56.5m

銚子ポートタワー★
千葉県銚子市／57.7m

千葉ポートタワー★
千葉県千葉市／125.2m

横浜ランドマークタワー
神奈川県横浜市／296m

横浜マリンタワー★
神奈川県横浜市／106m

江の島シーキャンドル
神奈川県藤沢市／59.8m（避雷針）

アクトシティ浜松「アクトタワー」
静岡県浜松市／212m

木曽三川公園「ツインアーチ138」★
愛知県一宮市／138m

名古屋テレビ塔★
愛知県名古屋市／180m

東山スカイタワー★
愛知県名古屋市／134m

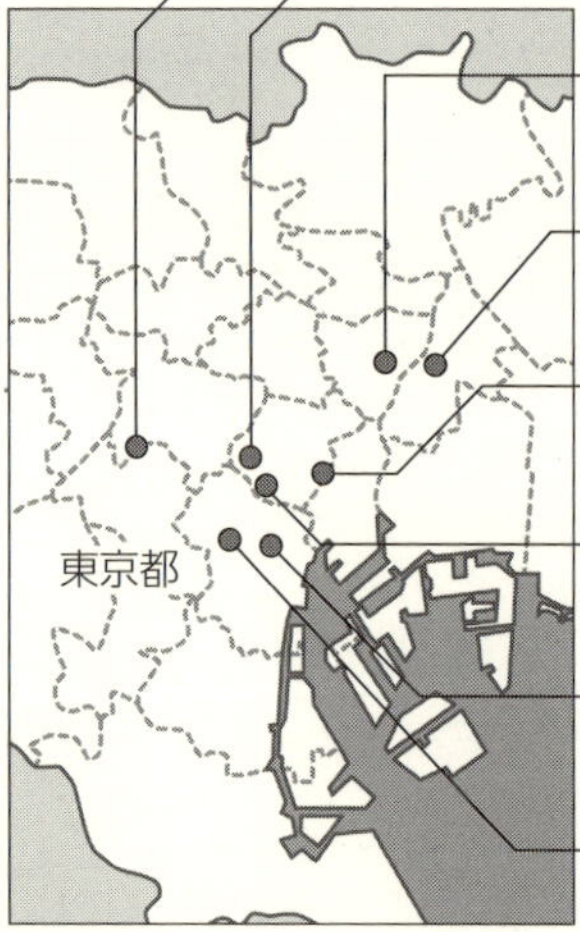

東京都庁
東京都新宿区／第一本庁舎243m

日本テレビ塔＊
東京都千代田区／約154m

凌雲閣《りょううんかく》（浅草十二階）＊
東京都台東区／約52m（173尺）

東京スカイツリー
東京都墨田区／634m

丸の内ビルディング（丸ビル）
東京都千代田区／179.2m

霞が関ビルディング（霞が関ビル）
東京都千代田区／147m

東京タワー★
東京都港区／333m

六本木ヒルズ森タワー
東京都港区／238m

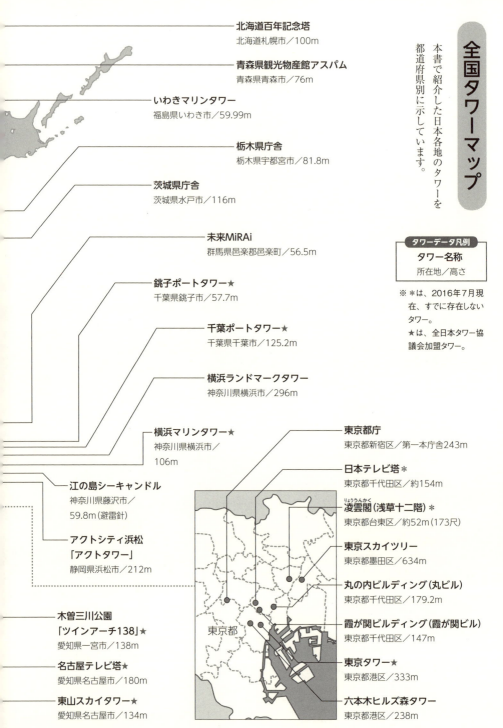

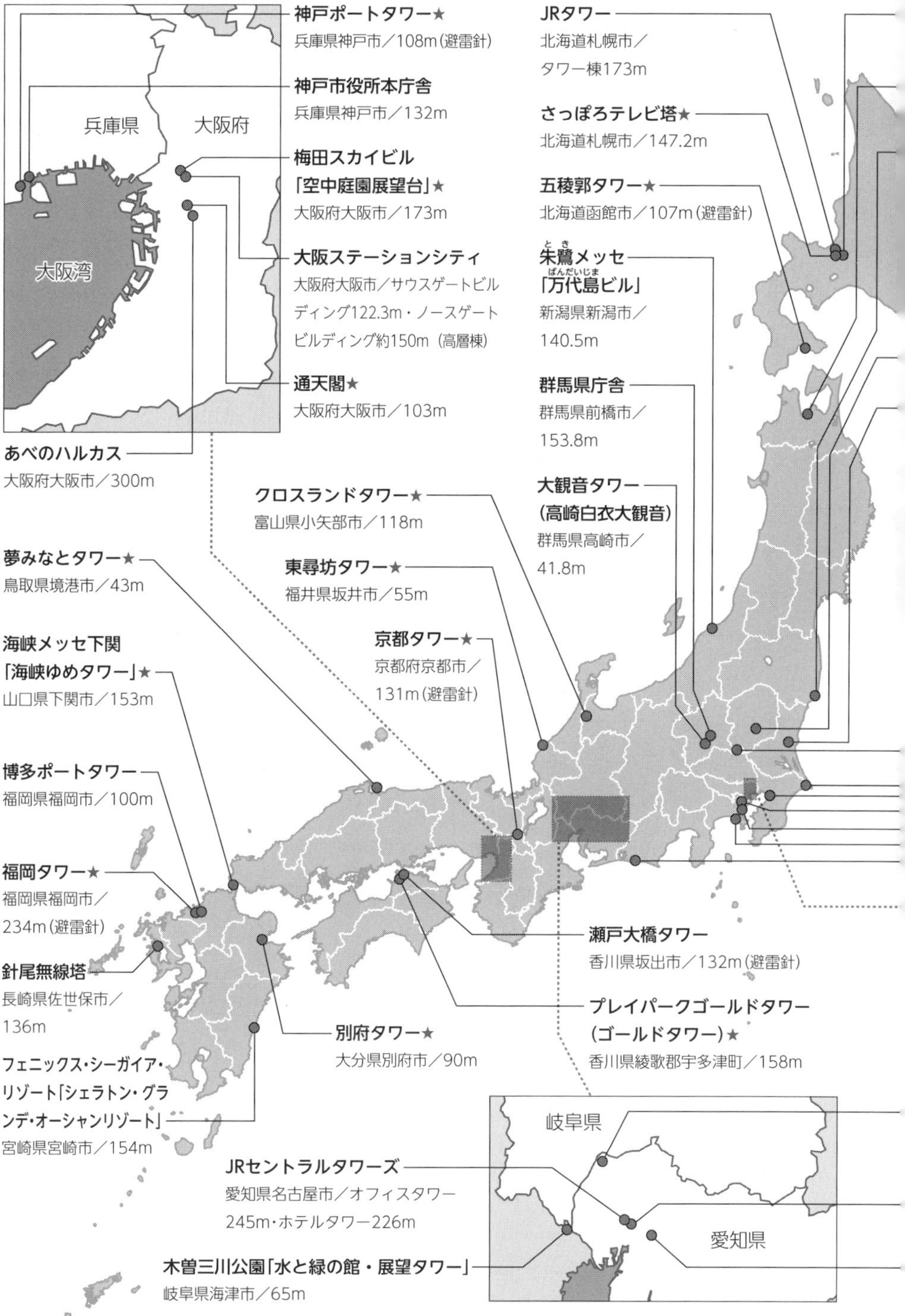
兵庫県
大阪府
大阪湾
神戸ポートタワー★
兵庫県神戸市／108m（避雷針）
神戸市役所本庁舎
兵庫県神戸市／132m
梅田スカイビル
「空中庭園展望台」★
大阪府大阪市／173m
大阪ステーションシティ
大阪府大阪市／サウスゲートビルディング122.3m・ノースゲートビルディング約150m（高層棟）
通天閣★
大阪府大阪市／103m
あべのハルカス
大阪府大阪市／300m
JRタワー
北海道札幌市／タワー棟173m
さっぽろテレビ塔★
北海道札幌市／147.2m
五稜郭タワー★
北海道函館市／107m（避雷針）
朱鷺《とき》メッセ
「万代島《ばんだいじま》ビル」
新潟県新潟市／140.5m
群馬県庁舎
群馬県前橋市／153.8m
大観音タワー
（高崎白衣大観音）
群馬県高崎市／41.8m
クロスランドタワー★
富山県小矢部市／118m
東尋坊タワー★
福井県坂井市／55m
京都タワー★
京都府京都市／131m（避雷針）
夢みなとタワー★
鳥取県境港市／43m
海峡メッセ下関
「海峡ゆめタワー」★
山口県下関市／153m
博多ポートタワー
福岡県福岡市／100m
福岡タワー★
福岡県福岡市／234m（避雷針）
針尾無線塔
長崎県佐世保市／136m
フェニックス・シーガイア・リゾート「シェラトン・グランデ・オーシャンリゾート」
宮崎県宮崎市／154m
別府タワー★
大分県別府市／90m
瀬戸大橋タワー
香川県坂出市／132m（避雷針）
プレイパークゴールドタワー
（ゴールドタワー）★
香川県綾歌郡宇多津町／158m
岐阜県
愛知県
JRセントラルタワーズ
愛知県名古屋市／オフィスタワー245m・ホテルタワー226m
木曽三川公園「水と緑の館・展望タワー」
岐阜県海津市／65m

参考文献

『磯崎新の「都庁」 戦後日本最大のコンペ』平松剛著、文藝春秋、２００８年
『美しい都市・醜い都市 現代景観論（中公新書ラクレ）』五十嵐太郎著、中央公論新社、２００６年
『エッフェル塔（ちくま学芸文庫）』ロラン・バルト著、宗左近・諸田和治訳、伊藤俊治図版監修、筑摩書房、１９９７年
『江戸から東京へ 大都市ＴＯＫＹＯはいかにしてつくられたか？』津川康雄監修、実業之日本社、２０１１年
『京都タワーの歩み／創業二十五周年誌』京都タワー株式会社、１９８５年
『建築構造設計論 世界のランドマークを求めて』横山不学著、彰国社、１９８１年
『建築・都市計画のための空間学事典』日本建築学会編、井上書院、１９９６年
『高層建築物の世界史（講談社現代新書）』大澤昭彦著、講談社、２０１５年
『このタワーがすごい！ 東京スカイツリーから「太陽の塔」まで（中公新書ラクレ）』鈴木重美著、中央公論新社、２０１１年
『ザ・タワー 都市と塔のものがたり 東京スカイツリー完成記念特別展』東京都江戸東京博物館・読売新聞社・ＮＨＫ・ＮＨＫプロモーション編、東京都江戸東京博物館、２０１２年
『札幌テレビ塔二十年史』北海道観光事業株式会社総務部・エーディーシー編、北海道観光事業、１９７８年
『新・都市論Ｔｏｋｙｏ（集英社新書）』隈研吾・清野由美著、集英社、２００８年
『世界に誇る日本の建造物 現代日本を創ったビッグプロジェクト』窪田陽一監修、西山芳一写真、昭文社、２００８年
『世界に誇れる東京のビル１００』宮元健次著、エクスナレッジ、２０１３年
『世界のタワー』パイインターナショナル、２０１２年
『タワーシティ 超高層のあるまち』日経アーキテクチュア編、日経ＢＰ社、２０１３年
『タワー 内藤多仲と三塔物語（ＬＩＸＩＬ ＢＯＯＫＬＥＴ）』橋爪紳也・田中彌壽雄・内藤多四郎著、ＬＩＸＩＬ出版、２０１３年
『タワーをゆく 日本全国の〝展望タワー〟をめぐる!!』イカロス出版、２０１２年
『地域とランドマーク』津川康雄著、古今書院、２００３年
『テクノスケープ 同化と異化の景観論（景観学研究叢書）』岡田昌彰著、鹿島出版会、２００３年
『テクノスケープ 都市基盤の技術とデザイン』片木篤著、鹿島出版会、１９９５年
『テレビ塔物語 創業の精神を、いま』日本テレビ放送網株式会社総務局編、日本テレビ放送網、１９８４年
『東京人 特集 タワー』都市出版、２０１２年５月号
『東京スカイツリー（サイエンス・アイピクチャーブック）』平塚桂著、ソフトバンククリエイティブ、２０１１年
『塔とは何か 建てる、見る、昇る（ウェッジ選書）』林章著、ウェッジ、２０１２年
『都市のイメージ』ケヴィン・リンチ著、丹下健三・富田玲子訳、岩波書店、１９６８年
『ニッポンのタワー ＬＯＶＥ ＴＯＷＥＲ！』豊科穂監修、朝日新聞出版、２０１２年
『博覧会の政治学 まなざしの近代（中公新書）』吉見俊哉著、中央公論社、１９９２年
『ヒルズ 挑戦する都市』森稔著、朝日新聞出版、２００９年
『明治・大正・昭和 東京時空散歩』竹内正浩著、洋泉社、２０１３年

なお、執筆に際し、行政機関および関連企業、各タワーの公式ホームページ等を参照したことを付け加え、感謝申し上げる。

《著者紹介》

津川 康雄（つがわ・やすお）

1953年、東京都生まれ。立命館大学大学院文学研究科地理学専攻博士後期課程単位取得満期退学、博士（文学）。現在、高崎経済大学地域政策学部教授。専門は人文地理学（都市地理学、ランドマーク研究）。とくに、都市や地域における各種ランドマークの要件整理やフィールドワークを国内外において行っている。高い場所から地域を俯瞰することや、車や列車の窓からの景色を眺めることが習慣化し、楽しさを感じている。著書に『地域とランドマーク』（古今書院）、監修に『江戸から東京へ 大都市TOKYOはいかにしてつくられたか？』（実業之日本社）、『地図で読み解く江戸・東京』（技術評論社）などがある。

編集：こどもくらぶ（長野絵莉、関原瞳）

制作：㈱エヌ・アンド・エス企画（吉澤光夫、石井友紀）

写真協力：©makkie1221、©faula、©crtreasures - Fotoia.com、soa21、POKO、クロチャン、Issey、hide0714 / PIXTA
P247 / 許諾第28-02019号

※この本の情報は、2016年7月までに調べたものです。今後変更になる可能性がありますので、ご了承ください。

シリーズ・ニッポン再発見③

タ　ワ　ー

――ランドマークから紐解く地域文化――

2016年8月20日　初版第1刷発行　〈検印省略〉

定価はカバーに
表示しています

著　　者　津　川　康　雄

発 行 者　杉　田　啓　三

印 刷 者　和　田　和　二

発行所　株式会社　ミネルヴァ書房

607-8494　京都市山科区日ノ岡堤谷町1

電話代表　(075)581-5191

振替口座　01020-0-8076

平河工業社

ISBN978-4-623-07787-8

Printed in Japan